Matthias Brungs, Vanessa Kolb
Zeitarbeit als Chance für arbeitslose Menschen?

Perspektiven Sozialer Arbeit in Theorie und Praxis

Herausgegeben von
Prof. Dr. Süleyman Gögercin und Prof. Karin E. Sauer,
DHBW Villingen-Schwenningen

Band 1

Matthias Brungs, Vanessa Kolb

Zeitarbeit als Chance für arbeitslose Menschen?

CENTAURUS VERLAG & MEDIA UG

Zu den Autoren:
Prof. Dr. Matthias Brungs, Diplom-Psychologe und Diplom-Pädagoge, leitet den Studiengang Bildung und Beruf an der Fakultät Sozialwesen der DHBW-Villingen-Schwenningen.
Vanessa Kolb hat Soziale Arbeit studiert (Bachelor of Arts) und arbeitet derzeit in einem Jobcenter.

Bibliografische Informationen der Deutschen Nationalbibliothek
Die Deutsche Nationalbibliothek verzeichnet diese Publikation in der Deutschen Nationalbibliografie; detaillierte bibliografische Daten sind im Internet über http://dnb.d-nb.de abrufbar.

ISBN 978-3-86226-216-8   ISBN 978-3-86226-907-5 (eBook)
DOI 10.1007/978-3-86226-907-5
ISSN 2195-7347

Gedruckt auf säurefreiem und chlorfrei gebleichtem Papier.

Alle Rechte, insbesondere das Recht der Vervielfältigung und Verbreitung sowie der Übersetzung, vorbehalten. Kein Teil des Werkes darf in irgendeiner Form (durch Fotokopie, Mikrofilm oder ein anderes Verfahren) ohne schriftliche Genehmigung des Verlages reproduziert oder unter Verwendung elektronischer Systeme verarbeitet, vervielfältigt oder verbreitet werden.

© Centaurus Verlag & Media. KG, Freiburg 2013
www.centaurus-verlag.de

Umschlaggestaltung: Jasmin Morgenthaler, Visuelle Kommunikation
Umschlagabbildung: mstay, Bridge Silouhette. www.istockphoto.com
Satz: Vorlage der Autoren

INHALT

EINLEITUNG	9
1. THEORETISCHE GRUNDLAGEN	11
1.1 Arbeitslosigkeit	11
1.1.1 Arbeitsmarktpolitik	11
1.1.2 Formen und Ursachen von Arbeitslosigkeit	14
1.1.3 Individuelle Auswirkungen und Folgen	17
1.1.4 Eingliederung in den ersten Arbeitsmarkt	20
1.2 Zeitarbeit	23
1.2.1 Terminologische Ab- und Eingrenzungen	23
1.2.2 Das Arbeitnehmerüberlassungsgesetz und seine Reformen	25
1.2.3 Quantitative Entwicklung in der jüngeren Vergangenheit	27
1.2.4 Struktur der Zeitarbeit als Beschäftigungsform	31
1.2.5 Argumente für und gegen die Zeitarbeit	35
1.2.5.1 Beschäftigungsdauer	35
1.2.5.2 Vergütung	36
1.2.5.3 Integration im Entleihbetrieb	38
1.2.5.4 Missbräuchlicher Einsatz	39
1.2.5.5 Qualifizierung und Weiterbildung	40
1.2.5.6 Soziale Teilhabe	41
1.2.5.7 Gesundheit	42
2. EMPIRISCHER TEIL	44
2.1 Aktueller Forschungsstand	45
2.1.1 Übernahme in ein reguläres Beschäftigungsverhältnis	45
2.1.2 Teilhabe am gesellschaftlichen Leben und subjektive Wahrnehmung der sozialen Integration	45
2.1.3 Sicherung der materiellen Existenz	46
2.1.4 Erwerb von Kompetenzen und Fähigkeiten	47

2.2 Zeitarbeit in der Untersuchungsregion	49
2.2.1 Vorgehensweise und Differenzierung	49
2.2.2 Daten und Kennwerte	50
2.3 Interviewstudie mit Experten	53
2.3.1 Methodischer Zugang	54
2.3.2 Forschungsdesign	56
2.3.2.1 Interviewleitfaden	57
2.3.2.2 Auswahl der Interviewpartner	58
2.3.2.3 Durchführung und Auswertung	59
2.4 Ergebnisdarstellung	62
2.4.1 Thematischer Vergleich	62
2.4.1.1 Aussagen zur Zeitarbeit	62
2.4.1.2 Aussagen zur Arbeitslosigkeit	66
2.4.2 Konzeptualisierung und theoretische Generalisierung	70
2.4.2.1 Zeitarbeit als Chance, um in ein reguläres Beschäftigungsverhältnis übernommen zu werden	70
2.4.2.2 Zeitarbeit als Chance, um gesellschaftliche Teilhabe zu erlangen	71
2.4.2.3 Zeitarbeit als Chance, um die eigene Existenz zu sichern	73
2.4.2.4 Zeitarbeit als Chance, um Fähigkeiten und Kompetenzen aufzubauen	74
2.4.2.5 Fazit	76
3. ZUSAMMENFASSUNG UND AUSBLICK	78
LITERATUR	80
ANHANG	85

ABBILDUNGEN

Abb. 1: Formen und Ursachen von Arbeitslosigkeit   15
Abb. 2: Arbeitslosigkeit–Lastenverteilung zwischen Gesellschaft   18
    und Individuum
Abb. 3: Geschäftsmodell der gewerblichen Arbeitnehmerüberlassung   24
Abb. 4: Reformen und Änderungen im Bereich der   27
    Arbeitnehmerüberlassung
Abb. 5: Entwicklung und Reformen der Zeitarbeit für den Zeitraum   29
    1980 bis 2011 in Deutschland
Abb. 6: Beschäftigungsstruktur in der Zeitarbeit   33
Abb. 7: Beschäftigte in der Zeitarbeit nach Berufsgruppen   34
Abb. 8: Individuelle Kompetenzentwicklung in der Zeitarbeit   48
Abb. 9: Entwicklung der Zeitarbeit in Deutschland und im untersuchten   52
    Landkreis
Abb. 10: Methodisches Vorgehen   57

EINLEITUNG

Der Wecker klingelt. Heide Müller ist sofort wach. Natürlich! Heute ist ihr erster Arbeitstag im neuen Betrieb. Obwohl, so genau genommen ist es ihr dritter „erster Arbeitstag" in den vergangenen vier Monaten. Sie ist gut gelaunt, die Nervosität tritt meist erst kurz bevor sie ihren Arbeitsplatz und die neuen Kollegen sieht auf. Das weiß sie noch zu gut von den vergangenen Malen. Sie nimmt ein kleines Frühstück, packt ihre Tasche und steigt ins Auto. Fast hätte sie die Einladung vom Jobcenter vergessen. Im Anschluss hat sie dort noch einen Termin bei ihrem Fallmanager. Bei dem Gedanken, eine Vollzeit-Tätigkeit auszuüben und nebenher als sogenannter Aufstocker noch Arbeitslosengeld II zu beziehen, wird es ihr ganz mulmig. „So ist das eben", redet sie sich dann immer ein, „wenn man noch zwei Kinder zu versorgen hat". Bald kommen die zwei aus der Schule und können eine Ausbildung beginnen. Darauf setzt sie alle Hoffnung. Inzwischen ist sie an der Pforte ihrer neuen Arbeitsstelle angelangt. Die Gebäude des Betriebes erstrecken sich über Kilometer. Es ist die größte Firma, in der sie bisher gearbeitet hat, so viel steht fest. Inzwischen schwenkt ihre Freude vom Morgen in Misstrauen um. Sie kennt das Gefühl, sich auf etwas zu freuen, sich auf etwas Neues einzulassen, mit voller Motivation zu beginnen und am Ende ein: „Wir danken Ihnen für Ihren Einsatz in unserem Unternehmen, leider sehen wir derzeit keine Möglichkeit, Sie in ein Beschäftigungsverhältnis zu übernehmen", zu Ohren zu bekommen.

Das Beispiel verdeutlicht die ambivalenten Gefühle, die viele Leiharbeitnehmer[1] erleben. Es ist die Perspektive und gleichzeitig die Perspektivlosigkeit. Es fühlt sich an wie eine Chance und doch meldet sich die Befürchtung, (erneut) erfolglos zu bleiben und wieder in die Arbeitslosigkeit zurück zu fallen.

Ist Zeitarbeit eine Chance für arbeitslose Menschen, eine Brücke in ein reguläres Beschäftigungsverhältnis? Dieser Fragestellung soll in der vorliegenden Arbeit nachgegangen werden. Dabei wird eine Differenzierung in vier Unterfragen vorgenommen, die durch eine Interviewstudie mit Experten beantwortet werden sollen.

---

1 Ausschließlich aus Gründen der besseren Lesbarkeit wird die maskuline Schreibweise auch dort verwendet, wo die Bezeichnung beide Geschlechter einschließt.

1. Zeitarbeit als Chance, um eine reguläre sozialversicherungspflichtige Beschäftigung zu erhalten?
2. Zeitarbeit als Chance, um gesellschaftliche Teilhabe zu erlangen?
3. Zeitarbeit als Chance, um die eigene Existenz sicherstellen zu können?
4. Zeitarbeit als Chance, um Fähigkeiten und Kompetenzen aufzubauen?

Zunächst wird in Kapitel 1 der theoretische Rahmen eingegrenzt. Hierzu gehören die Betrachtung der politischen Hintergründe von Arbeitslosigkeit und die Darstellung der wichtigsten Instrumente zur Arbeitsförderung. Außerdem findet sich in diesem Teil auch eine Auseinandersetzung mit den Ursachen von Arbeitslosigkeit und den psychosozialen Folgen für die Betroffenen. Schließlich werden die komplexen rechtlichen Hintergründe der Zeitarbeit mit dem Fokus auf das Arbeitnehmerüberlassungsgesetz (AÜG) referiert und strukturelle Aspekte der Zeitarbeit als eine Beschäftigungsform veranschaulicht. Dieses erste Kapitel schließt mit einer Übersicht der aktuellen Fachdebatte über das Für und Wider von Zeitarbeit.

Das 2. Kapitel berichtet über die durchgeführte Studie zur Zeitarbeit. Es beginnt mit einer Übersicht des aktuellen Forschungsstandes zu den Kernfragestellungen der vorgenommenen Untersuchung. Im Anschluss daran wird die eigene Studie vorgestellt. Es wurden Interviews mit Mitarbeitern aus Personaldienstleistungsunternehmen, Entleihbetrieben, Jobcenter (Fallmanagern) sowie mit Leiharbeitnehmern durchgeführt. Die Interviewergebnisse werden mit den Kerndaten des Landkreises, in dem die Studie durchgeführt wurde, abgeglichen, und außerdem in bundesweite statistische Angaben der Bundesagentur für Arbeit eingeordnet. Mit einer umfassenden Ergebnisdarstellung und einer Ergebnisinterpretation im Hinblick auf die vier leitenden Fragestellungen endet dieser Abschnitt.

Die vorliegende Arbeit schließt mit einer übergreifenden Zusammenfassung und einer daraus resultierenden Zukunftsprognose in Kapitel 3.

1. THEORETISCHE GRUNDLAGEN

1.1 Arbeitslosigkeit

Jahrzehntelang war die Arbeitsmarktlage in Deutschland durch eine hohe Arbeitslosigkeit gekennzeichnet. Die jahresdurchschnittlich höchste Zahl in der jüngeren Vergangenheit wurde mit 4,58 Millionen (11,5%) Erwerbslosen im Jahr 2005 erreicht. Ab 2006 konnte dieser negative Trend bis zur Finanz- und Wirtschaftskrise Ende 2008 gedreht werden. Diese positive Entwicklung hält mit Ausnahme eines kurzen Anstiegs der Erwerbslosenquote im Jahr 2009 bis heute an. Laut Angaben der Bundesagentur für Arbeit waren im Oktober 2012 2,74 Millionen Menschen auf Arbeitssuche, was einer Quote von 6,5 % entspricht. Dies ist die niedrigste Arbeitslosenquote seit 20 Jahren, die aber nicht darüber hinweg täuschen darf, dass sich in ihr der jahreszeitliche Einfluss positiv auswirkt. Dennoch setzt sich insgesamt auch bei einer saisonbereinigten Analyse die positive Entwicklung der vergangenen Jahre am Arbeitsmarkt fort.

Die folgenden Abschnitte skizzieren rechtliche Hintergründe und Aspekte der gegenwärtigen und vergangenen Arbeitsmarktpolitik. Des Weiteren wird auf Ursachen und individuelle Folgen von Arbeitslosigkeit eingegangen.

1.1.1 Arbeitsmarktpolitik

Gemäß § 16 (1) des Sozialgesetzbuches (SGB) III ist arbeitslos, wer

1. vorübergehend nicht in einem Beschäftigungsverhältnis steht,
2. eine versicherungspflichtige Beschäftigung sucht,
3. den Vermittlungsbemühungen der Agentur für Arbeit zur Verfügung steht und
4. sich bei der Agentur für Arbeit arbeitslos gemeldet hat.

Teilnehmer an Maßnahmen der Arbeitsmarktpolitik gelten nicht als arbeitslos (§ 16 (2) SGB II), sie bleiben daher bei den erhobenen Arbeitslosenzahlen unberücksichtigt. Die Leistungen für arbeitslose Menschen werden im SGB III (Arbeitsförderung) geregelt. Dabei handelt es sich zum einen um aktive Maßnahmen, die das Ziel haben, die Beschäftigung auf dem ersten Arbeitsmarkt zu fördern, und zum anderen um passive Leistungen, die darauf ausgerichtet sind, die materiellen Verluste infolge der Arbeitslosigkeit zu mildern (z. B. Arbeitslosengeld I). Kostenträger ist jeweils die Bundesagentur für Arbeit.

Arbeitslose Menschen, die gemäß § 18 (1) SGB III ein Jahr und länger arbeitslos sind, gelten als langzeitarbeitslos. In der Regel hat dieser Personenkreis nach 12 Monaten keinen Anspruch mehr auf das Arbeitslosengeld I. Stattdessen gehört dieser dem Rechtskreis des SGB II (Grundsicherung für Arbeitsuchende) an, d.h. die Betroffenen erhalten Arbeitslosengeld II. Die Anspruchsvoraussetzungen für diese Leistung sind in § 7 (1) Satz 1 des SGB II geregelt:

1. Vollendung des 15. Lebensjahrs und jünger als die Altersgrenze nach § 7a SGB II,
2. Erwerbsfähigkeit,
3. Hilfebedürftigkeit,
4. gewöhnlicher Aufenthalt in der Bundesrepublik Deutschland.

Eine Ausnahme hiervon sind diejenigen, die keinen Anspruch auf Arbeitslosengeld I haben, z. B. Selbständige oder Studierende. Dieser Personenkreis kann ebenfalls Arbeitslosengeld II beantragen, obwohl er nicht der oben angeführten Definition von Langzeitarbeitslosigkeit entspricht.
Träger der Grundsicherung für Arbeitsuchende sind gemäß § 6 (1) SGB II:

1. die Bundesagentur für Arbeit, soweit Nummer 2 nichts anderes bestimmt,
2. die kreisfreien Städte und Kreise für die Leistungen nach § 16a, das Arbeitslosengeld II und das Sozialgeld, soweit Arbeitslosengeld II und Sozialgeld für den Bedarf für Unterkunft und Heizung geleistet wird, die Leistungen nach § 24 Absatz 3 Satz 1 Nummer 1 und 2, § 27 Absatz 3 sowie für die Leistungen nach § 28, soweit durch Landesrecht nicht andere Träger bestimmt sind (kommunale Träger).

Nach dem SGB II sind somit zwei Formen der Trägerschaft möglich. Zunächst die gemeinsamen Einrichtungen, bestehend aus der Agentur für Arbeit und den kreisfreien Städten bzw. Kommunen. Dabei ist die Agentur zuständig für die Auszahlung des Arbeitslosengelds II und des Sozialgelds, ggf. für Mehrbedarfe und Eingliederungsleistungen, die Kommune dagegen für die Kosten der Unterkunft, Heizung und für einmalige Beihilfen.
Die zweite Möglichkeit besteht darin, dass zugelassene kommunale Träger die Trägerschaft eigenständig übernehmen. Hierbei handelt es sich um sogenannte Optionskommunen, in denen Langzeitarbeitslose in Eigenregie betreut werden.
Nach § 6 d SGB II führen die gemeinsamen Einrichtungen nach § 44b SGB II und die zugelassenen kommunalen Träger nach § 6a SGB II die Bezeichnung Jobcenter.

Der hier dargestellte gesetzliche Rahmen wie die Arbeitsförderung in Deutschland überhaupt basiert auf einigen Neuregelungen während der vergangenen Jahre. Mit dem Inkrafttreten des überarbeiteten Arbeitsförderungsgesetzes im Jahr 1997 und mit dessen Einfügung in das SGB III zum 01. Januar 1998 vollzog sich ein grundlegender Richtungswechsel in der Arbeitsmarktpolitik.[2] Ihr Schwerpunkt verlagerte sich von der ausschließlichen Steigerung des Beschäftigungsstandes auf die Verbesserung der beruflichen und räumlichen Mobilität, die Förderung der Wiedereingliederung von Langzeitarbeitslosen sowie die Unterstützung von Einstellungen bei Neugründungen von Unternehmen. Damit verringerte sich auch die Verantwortung des Staates: diese wurde stärker den Arbeitgebern und Arbeitnehmern übertragen. Eine staatliche Förderung war seitens der Arbeitsuchenden nun mit Pflichten verbunden, und jene mussten mit Sanktionen rechnen, falls sie diese verletzten.[3]

Hohe Ausgaben der Bundesagentur für Arbeit, ein Mangel an neuen Arbeitsplätzen und die hohe Anzahl von Langzeitarbeitslosen prägten zu dieser Zeit die politische, wirtschaftliche und soziale Lage Deutschlands. Aus diesem Grund berief der damalige Bundeskanzler Gerhard Schröder (SPD) im März 2002 eine Kommission ein, die Vorschläge zur Senkung der Arbeitslosigkeit unterbreiten sollte. Das nach monatelangen Verhandlungen erarbeitete und nach dem Kommissionsleiter benannte Hartz-Papier, formulierte das Kernziel, die Arbeitsverwaltung neu zu organisieren und mithilfe neuer Förderungsinstrumente die Anzahl von Arbeitslosen innerhalb dreier Jahre von vier Millionen im Jahr 2002 auf die Hälfte zu verringern. Gemäß dem Leitspruch 'von der aktiven zur aktivierenden Arbeitsmarktpolitik', sollten arbeitslose Menschen in die Lage versetzt werden, mehr Eigeninitiative einzubringen.[4]

Seitdem werden drei (passive) Leistungen unterschieden: Das Arbeitslosengeld I (vorher: Arbeitslosengeld) ist eine beitragsfinanzierte Versicherungsleistung. Das Arbeitslosengeld II (vorher: Arbeitslosenhilfe), ist eine steuer-finanzierte und bedürftigkeitsabhängige Leistung, die im Anschluss an das Arbeitslosengeld I gewährt wird. Das Sozialgeld (vorher: Sozialhilfe), ist eine Leistung für nichterwerbsfähige Hilfebedürftige.[5]

Im Zuge des ersten Hartz-Gesetzes wurde außerdem zwischen der Regierungskoalition und den Gewerkschaften ein wichtiger Konsens bei der Leiharbeitsregelung getroffen: Zum einen die formale Erhaltung des Gleichheitsgrundsatzes im Sinne eines 'gleicher Lohn für gleiche Arbeit' und der Wegfall so genannter Einmalzahlungen durch die Arbeitgeber. Um die Anreize für den Wiedereinstieg zuvor arbeitsloser Leiharbeitnehmer zu stärken, wurde die Zeitarbeit flexibilisiert und der

---

2 vgl.: Schmid, G. / Wiebe, N.: Die Politik der Vollbeschäftigung im Wandel. Von der passiven zur interaktiven Arbeitsmarktpolitik. In: Kaase, M. / Schmid. G. (Hrsg.) Eine lernende Demokratie, 50 Jahre Bundesrepublik Deutschland, Berlin: Edition Sigma 1999. S. 357-396
3 vgl.: Pilz, F.: Der Sozialstaat. Ausbau – Kontroversen – Umbau, Schriftreihe Band 761. Bonn: Bundeszentrale für politische Bildung 2009. S. 164
4 vgl.: ebd., S. 178-179
5 vgl.: ebd., S. 181

Kündigungsschutz aufgeweicht. Entsprechende Änderungen im AÜG beinhalten seitdem einen Wegfall des Befristungsverbotes sowie eine Lockerung des Kündigungsschutzes. Letzteres bedeutet, dass die Entleihfirma bei schlechter Auftragslage den Leiharbeitnehmer entlassen und später wieder einstellen kann, wenn die Auftragslage sich verbessert hat.[6] (vgl. Kap. 1.2.2)

Im Januar 2005 trat das vielfach umstrittene vierte Hartz–Gesetz in Kraft. Unter dem Prinzip des „Förderns und Forderns" zielte es vor allem auf die Bekämpfung der Langzeitarbeitslosigkeit durch verstärkte Anreize zur Arbeitsaufnahme und durch verschärfte Zumutbarkeitsklauseln. Kernpunkt dieser Reform war der Zusammenschluss der ehemaligen Arbeitslosenhilfe und Sozialhilfe zur Grundsicherung für Arbeitsuchende in Form des SGB II.

1.1.2 Formen und Ursachen von Arbeitslosigkeit

Je nach Perspektive werden ökonomische und sozialwissenschaftliche, individualistische oder gesellschaftliche Theorien favorisiert, welche die Ursachen von Arbeitslosigkeit beschreiben. Mit der Klassifikation der Ursachen sind gleichzeitig auch die unterschiedlichen Arten von Arbeitslosigkeit dargestellt. Trotz der teilweisen Widersprüchlichkeiten ergänzen sich die Theorien wechselseitig und tragen auf diese Weise zu einem Gesamtbild bei.[7] Die wichtigsten Modelle zeigt Abbildung 1 in einer groben Übersicht.

---

6 vgl.: ebd., S. 188
7 vgl. z. B.: Baur, N.: Soziologische und ökonomische Theorien der Erwerbsarbeit. Eine Einführung. Frankfurt: Campus Verlag 2001
Hradil, S.: Soziale Ungleichheit in Deutschland, 7. Auflage. Opladen: Leske und Budrich 1999

Abb. 1: Formen und Ursachen von Arbeitslosigkeit[8]

	Kurzfristig / Temporär	Langfristig	Gesamt-wirtschaftlich	Teil-wirtschaftlich
Friktionelle Arbeitslosigkeit	x		x	
Saisonale Arbeitslosigkeit	x			x
Konjunkturelle Arbeitslosigkeit	x		x	
Strukturelle Arbeitslosigkeit		x		x

Friktionelle Arbeitslosigkeit

Sie entsteht bei einem Arbeitsplatzwechsel und meint das Zeitfenster zwischen der Aufgabe des bisherigen und dem Antreten einer neuen Arbeitsstelle. Entsprechend wird sie auch Sucharbeitslosigkeit genannt. Ursachen für die friktionelle Arbeitslosigkeit liegen in persönlichen Entscheidungen oder in einem regionalen Strukturwandel, da das Arbeitsplatzangebot grundsätzlich vorhanden ist. Neben den individuellen Entscheidungen hängt das Ausmaß der friktionellen Arbeitslosigkeit von dem Stelleninformations- und Vermittlungssystem ab. Je effizienter die staatliche und private Arbeitsvermittlung ist, umso geringer und im Durchschnitt kürzer ist die Verweildauer in der Arbeitslosigkeit dieser Art.

---

[8] vgl.: Pätzold, J.: http://www.juergen-paetzold.de/stabpol/BG+Infl/Beschaeftigung.html, aufgerufen am 15.11.12, S. 21

Saisonale Arbeitslosigkeit

Ursachen sind jahreszeitlich bedingte Produktions-, Nachfrage- oder Witterungsschwankungen. Besonders betroffen sind spezifische Wirtschaftssektoren wie z. B. Land- und Bauwirtschaft oder das Tourismusgewerbe. Zusammengenommen ist diese Art von Arbeitslosigkeit eher unproblematisch und genießt daher auch nur eine geringe Beachtung. Bei der Bekämpfung von Arbeitslosigkeit nimmt sie abgesehen von einigen wenigen Maßnahmen (z. B. Schlechtwettergeld-Regelung) eine untergeordnete Rolle ein.

Konjunkturelle Arbeitslosigkeit

Im Wirtschaftsablauf marktwirtschaftlich-kapitalistischer Volkswirtschaften tritt konjunkturelle Arbeitslosigkeit häufig als Begleiterscheinung zu periodischen Schwankungen auf. Die Arbeitslosigkeit ist demnach Folge einer Nachfrageschwäche während der Rezessionsphase. Ausgangspunkt dieses Modells ist die wirtschaftswissenschaftliche Theorie des Keynesianismus. Demnach produzieren Unternehmen dann, wenn sie eine entsprechende Nachfrage erwarten können. Sind die Produkte auf den Märkten nicht absetzbar, reagieren die Anbieter mit einer Einschränkung der Produktion und der Entlassung von Beschäftigten. Die Anzahl von Arbeitslosen steigt, und da diese über ein geringeres Einkommen verfügen als Erwerbstätige, wird die gesamtwirtschaftliche Nachfrage weiter geschwächt. Die Konsumgüterindustrie reagiert wiederum mit Produktionsrückgängen, was die krisenhafte Entwicklung weiter vorantreibt.[9] Konjunkturelle Arbeitslosigkeit stellt ein gesamtwirtschaftliches Problem dar, allerdings sind in aller Regel einzelne Regionen und Branchen unterschiedlich von den Auswirkungen des Konjunkturzyklus betroffen.

Strukturelle Arbeitslosigkeit

Die Gründe für diese Art von Arbeitslosigkeit liegen in strukturellen Bedingungen. Es handelt sich insofern um eine Art Restkategorie und meint im weitesten Sinne diejenige Arbeitslosigkeit, die weder auf friktionelle und saisonale Faktoren zurückzuführen ist noch auf konjunkturelle Einbrüche.

Die strukturelle Arbeitslosigkeit wird weiter in einzelne Formen differenziert. Die *Missmatch-Arbeitslosigkeit* hat ihre Ursachen in einer fehlenden Übereinstimmung zwischen den Anforderungen der Arbeitsplätze und den Kompetenzen der Arbeitsuchenden. Dabei ist das Arbeitsplatzangebot generell ausreichend. Ihr kann entgegen getreten werden, indem Jugendliche und Erwerbspersonen aus- und wei-

---

9 vgl.: Friedrich, H. / Wiedenmeyer, M.: Arbeitslosigkeit – ein Dauerproblem. Dimensionen, Ursachen, Strategien, 3. Auflage. Opladen: Leske und Budrich 1998, S. 79f

tergebildet werden. Eine *demographische Arbeitslosigkeit* ist durch Veränderungen der Bevölkerungsstruktur bedingt. Diese können z. B. durch einen überproportionalen Anstieg der Erwerbspersonen infolge geburtenstarker Jahrgänge, ein zunehmender Anteil erwerbstätiger Frauen oder ein deutlicher Zuwanderungsüberschuss verursacht sein. Merkmal einer *wachstumsdefizitären Arbeitslosigkeit* ist ein dauerhafter gesamtwirtschaftlicher Arbeitsplatzmangel. Gründe liegen in einer zu geringen gesamtwirtschaftlichen Nachfrage über einen längeren Zeitraum, in einer dauerhaften Verschlechterung der Produktionsbedingungen oder im technologischen Fortschritt liegen. Kennzeichnend für eine *tariflohnbedingte Arbeitslosigkeit* sind entweder zu hohe Tariflöhne oder eine Tarifstruktur, bei der die Spreizung der unteren und oberen Lohngruppen zu gering ist (z. B. durch den Einfluss der Gewerkschaften oder staatlich festgelegte Mindestlöhne). Schließlich kann die Erhöhung der Arbeitsproduktivität durch den technologischen Fortschritt zu dem Abbau von Arbeitsplätzen führen. In diesem Fall spricht man von einer *technologiebedingten Arbeitslosigkeit*.

1.1.3 Individuelle Auswirkungen und Folgen

Erwerbsarbeit ist in den westlichen Kulturkreisen primäres Mittel sozialer Existenzsicherung und eine wichtige Quelle des Lebenssinns.[10] Diese Wertschätzung führt jedoch zu einer fatalen Sichtweise: In einer Leistungsgesellschaft gehen Arbeit und Leistung miteinander einher. Erwerbstätigkeit ist eine wichtige soziale Norm. Wer diese erfüllt, ist nützlich für die Gesellschaft und wird als vollwertiges Mitglied anerkannt. Arbeitslose, die diese Norm nicht erfüllen können, werden dagegen als „Versager" hingestellt und als „Drückeberger" etikettiert.[11]

Da dieses Vorurteil noch keinerlei wissenschaftlichen Zuspruch erhalten hat, spiegelt sich darin aus sozialpsychologischer Interpretation der Versuch, das generelle Problem der Arbeitslosigkeit als Bedrohung der individuellen und gesellschaftlichen Realität zu verdrängen. Dieser Vorgang kann in Form einer Lastenverteilung zwischen Gesellschaft und Individuum dargestellt werden. (Abb. 2)

Die Gruppe der Erwerbstätigen distanziert sich durch eine Individualisierung der Arbeitslosigkeit und die subjektiv erlebte Bedrohung, selbst arbeitslos werden zu können, kann dadurch abgewehrt werden. Die Wahrnehmung der Ursachen für Arbeitslosigkeit ist demnach nicht auf gesellschaftlichen oder wirtschaftlichen Besonderheiten gerichtet, sondern auf das betroffene Individuum selbst. Auf dieses wird die alleinige Verantwortung für dessen Erwerbslosigkeit attribuiert. Es erfolgt

---

10 vgl.: Kleinherz, G.: Der Verlust des Arbeitsplatzes – Wirkung auf das Leben und die sozio-ökonomische Stellung des Arbeitslosen. Berlin: Kohlhammer 1989, S. 519-531
11 vgl.: Jacobs, H.: Arbeitslosigkeit in der Bundesrepublik Deutschland. Stuttgart: Klett Verlag 1979, S. 4

also eine Schuldzuweisung auf die Betroffenen, welche dann die Möglichkeit enthält, die Wahrscheinlichkeit einer eigenen Arbeitslosigkeit als gering zu betrachten, d.h. diese Bedrohung abzuwehren.[12]

Abb. 2: Arbeitslosigkeit–Lastenverteilung zwischen Gesellschaft und Individuum[13]

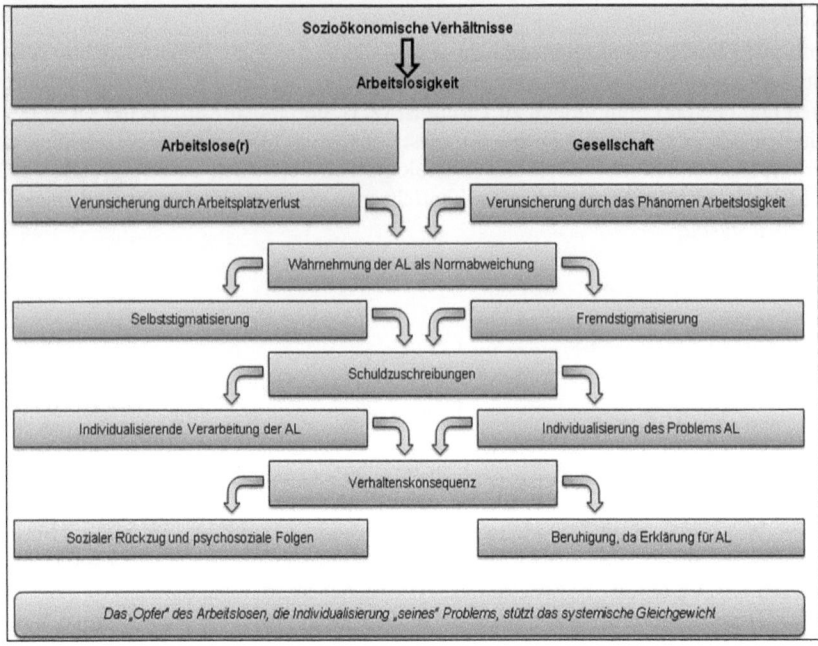

Psychische, physische und soziale Folgen

Ebenso vielfältig wie die Ursachen der Arbeitslosigkeit sind auch ihre individuellen und sozialen Folgen. Zunächst fällt infolge der fehlenden Arbeitszeiten ein wichtiges Element der Tagesstruktur weg, das mit zunehmender Dauer der Arbeitslosigkeit zu einer veränderten Zeiterfahrung führt. Des Weiteren sind gesundheitliche Einschränkungen, die sich in physische und psychische Beschwerden unterteilen lassen, häufig beobachtbar. Psychische Erkrankungen können Depressivität,

---

12 Kirchler, E.: Arbeitslosigkeit - Psychologisches Skizzen über ein anhaltendes Problem. Göttingen: Hogrefe 1993, S. 85f
13 Wolski-Prenger, F.: Niemand wird es schlechter gehen ...! – Armut, Arbeitslosigkeit und Erwerbsbewegungen in Deutschland. Köln: Bund 1993, S. 39

Schlaflosigkeit, Reizbarkeit, Nervosität oder andere seelische Belastungen sein.[14] Auch psychosomatische und psychiatrische Probleme werden in überdurchschnittlichem Maße im Kontext von Arbeitslosigkeit beobachtet.[15] Ein riskantes Gesundheits- und Ernährungsverhalten, unregelmäßige Schlaf- und Essenszeiten, regelmäßiger Tabak- und Alkoholkonsum bis hin zur Suchtgefahr erhöhen häufig das gesundheitliche Risikopotential.[16] Bei all diesen Beschwerden bleibt aber offen, ob sie Ursache oder Folge der eingetretenen Arbeitslosigkeit sind.[17] Und ob nun Arbeitslosigkeit „auf die Gesundheit schlägt" oder nicht, hängt insgesamt von vielen Faktoren ab, unter denen allerdings die jeweils vorherrschende individuelle Bewältigungsstrategie eine besonders wichtige Rolle einnimmt.[18]

Soziale Auswirkungen von Arbeitslosigkeit sind zunächst einmal die Ausgrenzung der betroffenen Menschen infolge der Individualisierung des Problems.[19] Hinzukommt eine allgemeine Reduktion der Sozialkontakte, die durch den Verlust der Beziehungen zu den Arbeitskollegen und durch einen sozialen Rückzug bedingt sind. Letzterer kann beispielsweise durch Schamgefühle motiviert sein. Insbesondere für Langzeitarbeitslose erweisen sich die Chancen eher gering, der Arbeitslosigkeit zu entkommen. Abnehmende soziale Kontakte, der Verlust des sozialen Status und eine damit einhergehende Verminderung des Selbstwertgefühls führen dazu, dass das Leben mehr und mehr von der Arbeitslosigkeit bestimmt wird. So bildet sich mit der Zeit ein spezifisches Milieu heraus, das der restlichen Gesellschaft gegenübersteht.[20]

---

14 vgl. z. B.: Paul, K. / Hassell, A. / Moser, K.: Die Auswirkungen von Arbeitslosigkeit auf die psychische Gesundheit. In: Hollederer, A. / Brand, H. (Hrsg.): Arbeitslosigkeit, Gesundheit und Krankheit. Bern: Huber 2006, S. 35-51
Berth, H. / Förster, P. / Brähler, E.: Gesundheitsfolgen von Arbeitslosigkeit. In: Gesundheitswesen, 65, 2003, S. 555f
Kieselbach, T.: Arbeitslosigkeit. In: Asanger, R. & Wenninger, G. (Hrsg.), Handwörterbuch der Psychologie, 5. Auflage. Weinheim: Beltz Psychologie Verlagsunion 1994, S. 242
15 vgl.: Frese, M.: Psychische Folgen von Arbeitslosigkeit in den fünf neuen Bundesländern – Ergebnisse einer Längsschnittstudie. In: Montada, L. (Hrsg.): Arbeitslosigkeit und soziale Gerechtigkeit. Frankfurt: Campus Verlag 1994, S. 193
16 vgl.: Henkel. D. / Zemlin, U. (Hrsg.): Arbeitslosigkeit und Sucht. Ein Handbuch für Wissenschaft und Praxis. Frankfurt: Fachhochschulverlag 2008
Henkel, D.: Arbeitslosigkeit und Alkoholismus – Epidemiologische, ätiologische und diagnostische Zusammenhänge. Weinheim: Deutscher Studienverlag 1992, S. 166f
17 vgl.: Elkeles, T. / Seifert, W.: Arbeitslose und ihre Gesundheit. Empirische Langzeitanalysen. Berlin: Wissenschaftszentrum Berlin für Sozialforschung 1992, S. 2f
vgl.: Mohr, G. / Richter, P.: Psychosoziale Folgen von Erwerbslosigkeit. Interventionsmöglichkeiten. In: Aus Politik und Zeitgeschichte, 40-41, 2008, S. 27ff
Kieselbach, T., a. a. O., S.242
19 vgl.: Hradil, S.: a. a. O., S. 207
20 vgl.: Gerlach, F. / Kronauer, M. / Vogel, B.: Im Schatten der Arbeitsgesellschaft – Arbeitslose und die Dynamik sozialer Ausgrenzung. Frankfurt: Campus Verlag 1993, S.75

Finanzielle Folgen

Gerade für geringqualifizierte Menschen ist Arbeitslosigkeit mit erheblichen finanziellen Einbußen verbunden, da es ihnen aufgrund ihres begrenzten Einkommens nicht möglich war, Ersparnisse aufzubauen. Zwischen einem Drittel und der Hälfte aller Dauerarbeitslosen fällt unter die Armutsgrenze. Die fehlenden finanziellen Ressourcen sind häufig ein entscheidender Grund, warum Arbeitslose von der Teilhabe am sozialen Leben ausgeschlossen sind.[21] Studien zeigen, dass Arbeitslosigkeit der wichtigste Faktor für eine Überschuldung ist. Laut dem dritten Armuts- und Reichtumsbericht der Bundesregierung ist die Armutsrisikoquote bei der Gruppe der Arbeitslosen mit 43% um ein Vielfaches höher als bei der Gesamtbevölkerung (13%).[22]

Arbeitslosigkeit verursacht auch auf volkswirtschaftlicher Ebene hohe Kosten. Die staatliche Bilanz wird einerseits durch höhere Ausgaben und andererseits durch geringere Steuereinnahmen belastet. Eine Untersuchung des Instituts für Arbeitsmarkt- und Berufsforschung (IAB) ergab für das Jahr 2007, dass sich die gesamtfiskalischen Kosten auf rund 68 Mrd. Euro beliefen. Diese setzen sich aus 52% Ausgaben für finanzielle Leistungen (vor allem Arbeitslosengeld I und II) und 48% Mindereinnahmen durch verringerte Sozial- und Steuerbeiträge zusammen. Mit 56% trägt die Bundesagentur für Arbeit damit die Hauptlast, gefolgt von den Ländern, Gemeinden und der Rentenversicherung. In der zurückliegenden Entwicklung ist festzustellen, dass insgesamt die Folgekosten von Arbeitslosigkeit in den Jahren 2005-2007 aufgrund der guten Wirtschaftssituation und der zurückliegenden Arbeitsmarktreform um rund 27% gesunken sind. Die Zahl der Arbeitslosen ist in dieser Zeit um etwa 22% gefallen.[23]

1.1.4 Eingliederung in den ersten Arbeitsmarkt

Grundsätzlich umfasst die Arbeitsmarktpolitik „alle staatlichen und sozialpartnerschaftlichen Aktivitäten, institutionelle Regelungen und Aufwendungen, die als

---

[21] vgl.: Bundeszentrale für politische Bildung: aufgerufen unter: http://www.bpb.de/politik/innenpolitik/arbeitsmarktpolitik/54992/folgen-der-arbeitslosigkeit, am 29.11.2012

[22] vgl.: Bundesregierung: Lebenslagen in Deutschland – Dritter Armuts- und Reichtumsbericht Deutschland, Download unter: http://www.bmas.de/SharedDocs/Downloads/DE/PDF-Publikationen/forschungsprojekt-a333-dritter-armuts-und-reichtumsbericht.pdf?__blob=publicationFile, aufgerufen am 06.05.2012, S. 107

[23] vgl.: Bach, H.U. / Spitznagel, E.: Kosten der Arbeitslosigkeit sind gesunken; IAB Kurzbericht 14/ 2008; Download: http://doku.iab.de/kurzber/2008/kb1408.pdf, aufgerufen am 29.11.2012, S. 1

- passive Arbeitsmarktpolitik der materiellen Absicherung im Falle der Arbeitslosigkeit dienen, insbesondere der Sicherung des Lebensunterhalts (z. B. durch Arbeitslosengeld I und II) und
- aktive Arbeitsmarktpolitik mit arbeitsmarktpolitischen Maßnahmen auf die Beseitigung von Ungleichgewichten am Arbeitsmarkt gestaltend Einfluss nehmen."[24]

Während also die passive Arbeitsmarktpolitik durch z. B. Lohnersatzleistungen oder den Regelbedarf und die Übernahme der angemessenen Kosten für Unterkunft und Heizung, den Lebensunterhalt sicherstellen soll, soll der Arbeitslose durch Maßnahmen der aktiven Arbeitsmarktpolitik wieder in das Erwerbsleben integriert werden. Hierzu sieht das SGB u. a. folgende Instrumente vor:

- das Beratungsangebot nach § 29 SGB III und das Vermittlungsangebot nach § 35 SGB III.
- Leistungen an Arbeitnehmer wie die Förderung aus dem Vermittlungsbudget nach § 45 SGB III und Maßnahmen zur Aktivierung und beruflichen Eingliederung nach §46 SGB III.
- Leistungen zur Eingliederung in Arbeit nach § 16 SGB II. Hierzu gehören beispielsweise kommunale Eingliederungsleistungen nach § 16a SGB II oder Arbeitsgelegenheiten nach § 16d SGB II.
- Leistungen an Arbeitnehmer wie beispielsweise einen Beschäftigungszuschuss nach § 16e SGB II.[25]

Vor allem geringqualifizierte und ältere Arbeitnehmer sowie Menschen mit Behinderung können von Maßnahmen der aktiven Arbeitsmarktpolitik profitieren und vor der Verfestigung der Arbeitslosigkeit bewahrt werden. Das Ziel besteht darin, das Risiko des Verlustes von Qualifikation und einer dauerhaften sozialen Ausgrenzung zu vermindern und somit auch der zunehmenden Verarmung und Verschuldung entgegen zu treten.

Arbeitsmarktpolitik, wie sie auch immer gestaltet sein mag, kann Arbeitslosigkeit nicht vorbeugen, denn diese hängt ausschließlich von dem gesamtwirtschaftlichen Angebot an Arbeitsplätzen und korrespondierend mit der Anzahl von Arbeitsuchenden ab. Indes kann jene den wirtschaftlichen Strukturwandel durch die Bereitstellung qualifizierter Arbeitnehmer und der Förderung von Existenzgründungen zumindest begleiten. Eine gute Beratung, intensive Betreuung und passgenaue Vermittlung können außerdem dazu beitragen, dass Missmatch-Probleme am Arbeitsmarkt verringert werden. Beratung ist dann effektiv und effizient, wenn die Problemlage der Person mit Hilfe eines Profilings und gegebenenfalls eines

---

24 Pilz, F.: a. a. O., S. 172
25 vgl.: ebd., S. 174

Assessment abgeschätzt werden kann. Je ausführlicher und optimaler dieses durchgeführt wurde, umso höher ist die Wahrscheinlichkeit, dass die anschließende Vermittlung passgenau ist.[26]

Im Gegensatz zu „marktfähigen" Bewerbern ist es bei der beruflichen Integration von Langzeitarbeitslosen nicht möglich, sich rein auf die Entwicklung von Qualifikationen und Kompetenzen zu beschränken. Hier muss noch stärker das soziale Umfeld der Hilfeempfänger berücksichtigt werden. Denn oftmals kann die Erwerbstätigkeit nicht einfach wieder in ihr Leben integriert werden, da diese konträr zu ihrer Biografie oder aktuellen Lebensweise steht. Außerdem können gerade bei dieser Gruppe von Arbeitslosen besondere Lebensumstände eine Arbeitsaufnahme verhindern. Die Umsetzung des Prinzips „Förderns und Forderns" nach dem SGB II ist gerade in diesen Fällen die zentrale Aufgabe des persönlichen Ansprechpartners (Fallmanagers), welcher jedem Arbeitslosengeld II-Empfänger zur Seite steht.[27] Im Fachkonzept „Beschäftigungsorientiertes Fallmanagement im SGB II" wird Fallmanagement daher wie folgt definiert: „Fallmanagement in der Beschäftigungsförderung ist ein auf den Kunden ausgerichteter Prozess, mit dem Ziel der möglichst nachhaltigen Integration in den Arbeitsmarkt. In diesem kooperativen Prozess werden vorhandene individuelle Ressourcen und multiple Problemlagen methodisch erfasst und gemeinsam Versorgungsangebote und Dienstleistungen geplant, die anschließend vom Fallmanager implementiert, koordiniert, überwacht und evaluiert werden. So wird der individuelle Versorgungsbedarf eines Kunden im Hinblick auf das Ziel der mittel- und/oder unmittelbaren Arbeitsmarktintegration durch Beratung und Bereitstellung der verfügbaren Ressourcen abgedeckt und seine Mitwirkung eingefordert."[28]

Zwischenfazit

Das Thema Arbeitslosigkeit ist ein vielseitiges und sensibles Thema, sowohl aus politischer als auch aus individueller Perspektive. Aus gesellschaftlich-ökonomischer Sicht besteht ein ständiges Interesse, neue Möglichkeiten und Instrumente zur Senkung der Arbeitslosigkeit zu entwickeln. Erstreckt sich die Arbeitslosigkeit über einen längeren Zeitraum, so entstehen zusätzliche Vermittlungshemmnisse, wie der Verlust einer Tagesstruktur und der beruflichen Kenntnisse, psychische und psychosomatische Beschwerden oder/und ein Verlust sozialer Kontakte. Umso

---

26 vgl.: Pilz, F.: a. a. O., S. 176
27 vgl.: Göckler; R. (Hrsg.): Fachkonzept „Beschäftigungsorientiertes Fallmanagement im SGB II", Abschlussfassung des Arbeitskreises; Download unter: http://www.arbeitsagentur.de/zentraler-Content/A03-Berufsberatung/A033-Erwerbspersonen/Publikationen/pdf/Fallmanagement-Fachkonzept.pdf, aufgerufen am 29.11.2012, S. 7, 9
28 ebd., S. 10

schwieriger gestaltet sich in diesen Fällen die Eingliederung auf den Arbeitsmarkt. Viele der Betroffenen sind von der Teilhabe am sozialen Leben ausgeschlossen, da der Regelbedarf im Arbeitslosengeld II an der untersten Bedürfnisgrenze, dem Existenzminimum, bemessen ist.

1.2 Zeitarbeit

Ob in der Bundes– oder Europapolitik, in gewerkschaftlichen Kreisen oder in Unternehmen, das Thema Zeitarbeit erfährt überall eine zunehmende Aufmerksamkeit. Insbesondere der rasante Anstieg an Zeitarbeitsunternehmen lässt eine deutliche Entwicklung dieser Branche während der vergangenen Jahre erahnen. Die Hoffnung, die mit dem Instrument Leiharbeit verbunden ist, besteht in der „Übernahme eines Leiharbeitnehmers durch den Entleiher in ein traditionelles Arbeitsverhältnis."[29] Grundlage hierfür ist die Annahme eines Klebe- oder Sprungbretteffektes, der auch als Stepping-Stone-Effekt bezeichnet wird.

Der folgende Abschnitt beginnt mit einer Klärung relevanter Begrifflichkeiten. Anschließend werden die gesetzlichen Hintergründe der Zeitarbeit dargelegt und deren Reformen in der jüngsten Vergangenheit erläutert. Es schließt sich eine Analyse der Beschäftigungsform Zeitarbeit nach unterschiedlichen Kriterien an, wie sie sich derzeit gestaltet. Das Kapitel endet mit einer Skizzierung der aktuellen Debatte über das Für und Wider der Arbeitnehmerüberlassung.

1.2.1 Terminologische Ab- und Eingrenzungen

Verleiher, Entleiher und Leiharbeitnehmer

Arbeitnehmerüberlassung meint, dass ein Arbeitgeber (Verleiher) einen Arbeitnehmer (Leiharbeitnehmer) einem Dritten (Entleiher) vertraglich zur Arbeitsleistung überlässt. Die Vertragsbeziehungen bestehen sowohl zwischen dem Verleiher und Entleiher, indem sich der Verleiher verpflichtet, Leiharbeitnehmer an den Entleiher zu überlassen, als auch zwischen dem Verleiher und Leiharbeitnehmer. Leiharbeitnehmer und Entleiher stehen grundsätzlich nicht in vertraglichen Beziehungen.[30] Allerdings ist der Entleiher gemäß § 106 Gewerbeordnung (GewO) Inhaber des Direktionsrechts bzw. Weisungsrechts. Dieses sieht vor, dass der Arbeitgeber,

---

29 Dahl, H. / Drexler, M. / von der Planitz, Ch. / von der Rundstedt, S.: Personaldienstleister in Deutschland – Die neuen Partner flexibler Personalarbeit. München: Luchterhand 2009, S. 51
30 vgl.: ebd., S. 39f

also in diesem Fall der Entleiher, Inhalt, Ort und Zeit der Arbeitsleistung nach billigem Ermessen näher bestimmen kann, soweit diese Arbeitsbedingungen nicht durch den Arbeitsvertrag, Bestimmungen einer Betriebsvereinbarung, eines anwendbaren Tarifvertrages oder durch gesetzliche Vorschriften festgelegt sind. Dies gilt auch hinsichtlich der Ordnung und des Verhaltens der Arbeitnehmer (Leiharbeiter) im Betrieb. Bei der Ausübung des Ermessens hat der Arbeitgeber auch auf Behinderungen der Arbeitnehmer Rücksicht zu nehmen. Leiharbeiternehmer sind also nicht nur im Entleihbetrieb tätig, sondern werden auch dessen Weisungen hinsichtlich der Arbeitsausführung, Ordnung und Verhalten unterstellt, obwohl deren Arbeitsverhältnis durch den Vertrag mit dem Verleiher begründet ist.[31]

Abb. 3: Geschäftsmodell der gewerblichen Arbeitnehmerüberlassung[32]

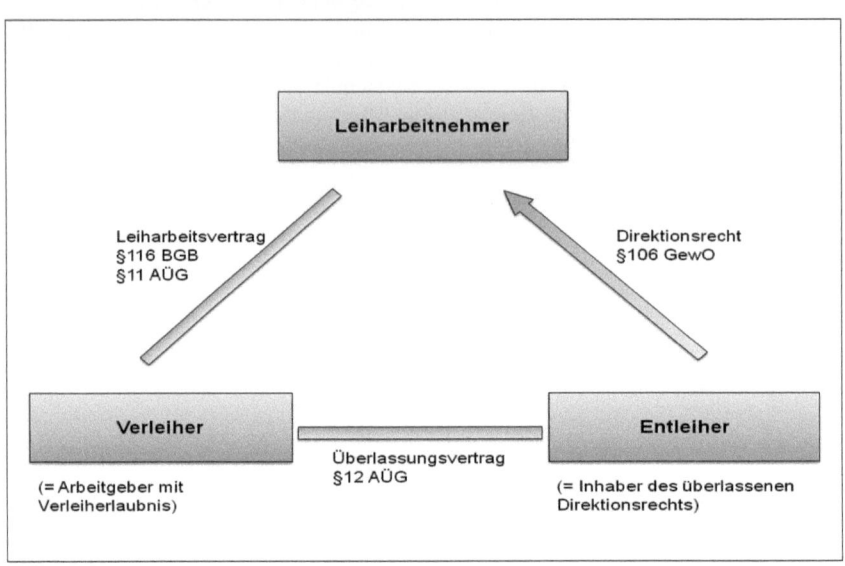

Kennzeichnend für die Arbeitnehmerüberlassung ist somit ein charakteristisches Dreiecksverhältnis, das im Hinblick auf die jeweiligen Vertragsbeziehungen ein gewisses Ungleichgewicht aufweist (vgl. Abb. 3).

---

31 vgl.: ebd., S. 40
32 vgl.: ebd., S. 40

Zeitarbeit, Leiharbeit und Arbeitnehmerüberlassung

Für die Arbeitnehmerüberlassung werden seit jeher in der Praxis unterschiedliche Bezeichnungen verwendet. Weit verbreitet ist der Begriff „Leiharbeit". Dessen Anlehnung an die Rechtsfigur 'Leihe' ist jedoch irreführend, da diese gemäß §§ 598ff Bürgerliches Gesetzbuch (BGB) die Unentgeltlichkeit einer Sache charakterisiert. Dennoch differenzierte auch die deutsche Rechtsprechung vor Inkrafttreten des AÜG zwischen einer 'echten', also unentgeltlichen und einer 'unechten', also entgeltlichen Leihe.

Auch bei der Gesetzgebung des AÜG treten sprachliche Unterschiede auf. Zwar lautet der gesetzliche Begriff Arbeitnehmerüberlassung, jedoch wurden einige Teile der rechtlichen Drittbeziehung wieder mit dem Begriff der Leihe gekennzeichnet. Diese Drittbeziehung wird wie oben bereits erläutert, mit Verleiher, Entleiher, und Leiharbeitnehmer bezeichnet. Schon seit längerer Zeit wird von den Personaldienstleistungsunternehmen eine sprachliche Umgestaltung des AÜG gefordert mit dem Ziel, die Begriffe Verleiher, Entleiher, und Leiharbeitnehmer zu Zeitarbeitsunternehmen, Einsatzbetrieb und Zeitarbeitnehmer umzubenennen. Der Begriff 'Zeitarbeit' stammt ursprünglich aus dem Englischen 'temporary work' und Französischen 'travail temporaire'. Diese Verwendung wäre zutreffender, da sie vor allem die vorübergehenden, einzelnen Überlassungen charakterisiert.[33]

Aufgrund der unterschiedlichen Bezeichnungen in der Fachliteratur und der sprachlichen Unschärfe im AÜG werden im Folgenden die Begriffe:

- Zeitarbeit, Leiharbeit und Arbeitnehmerüberlassung,
- Zeitarbeitnehmer, Leiharbeitnehmer, Leiharbeiter und Arbeitnehmer,
- Zeitarbeitsunternehmen, Verleiher und überlassender Arbeitgeber,
- Entleiher, Entleihbetrieb und Aufnahmebetrieb

jeweils synonym verwendet.

1.2.2 Das Arbeitnehmerüberlassungsgesetz und seine Reformen

Am 07.08.1972 trat das AÜG in Kraft und ist trotz mehrfacher Reformierungen bis dato geltende Grundlage. Eine wichtige Liberalisierung der gewerblichen Arbeitnehmerüberlassung wurde bereits im März 1997 mit dem Arbeitsförderungsreformgesetz (AFRG) eingeleitet. Die Grundintention bestand darin, beschäftigungs-

---

33 vgl.: ebd. S. 40f

hemmende Vorschriften aufzuheben und damit die damals stark ansteigende Arbeitslosenquote zu senken. Gemäß § 1 Abs. 2 AÜG hat der Gesetzgeber dazu die „geregelte Dauer der zulässigen Überlassung an denselben Entleiher von neun auf zwölf Monate verlängert, die Zulässigkeit der erlaubnisfreien Überlassung in § 1a AÜG für Arbeitgeber mit weniger als 50 Beschäftigten erweitert und in § 3 AÜG die Erlaubnisvoraussetzungen gelockert, indem die Überwachung des Synchronisationsverbotes eingeschränkt wurde."[34] Beim Synchronisationsverbot handelt es sich um ein gesetzliches Verbot, „Arbeitsverträge für Zeitarbeitnehmer zeitlich mit der Dauer des bevorstehenden Einsatzes zu synchronisieren."[35]

Im Zuge des Job-AQTIV (Aktivieren, Qualifizieren, Trainieren, Investieren, Vermitteln)-Gesetzes konnte die Überlassungshöchstdauer mit Wirksamkeit ab 01.01.2002 von zwölf auf vierundzwanzig Monate ausgeweitet werden. Voraussetzung war, dass die Verleihunternehmen nach Ablauf des zwölften Monats den Mitarbeitern die im Entleihbetrieb geltenden Arbeitsbedingungen gewährten. Dies stellte den ersten Versuch dar, eine Schlechterstellung von Leiharbeitnehmern gegenüber der Stammbelegschaft zu vermeiden. Heute ist dieses Prinzip unter dem Namen Equal-Pay oder Equal-Treatment bekannt.

Die bisher weitreichendste Änderung im AÜG wurde am 23.12.2002 mit Wirksamkeit ab 01.01.2003 im Zuge des Hartz I–Gesetzes durchgeführt. Um die Vermittlung von Arbeitslosen anzukurbeln, sollte die Arbeitnehmerüberlassung wegen des Stepping-Stone-Effects dereguliert werden. Es folgten folgende Modifikationen:[36]

- Aufhebung des arbeitnehmerüberlassungsrechtlichen Befristungsverbots
- Aufhebung des Wiedereinstellungsverbots
- Aufhebung des Synchronisationsverbots
- Aufhebung der Überlassungshöchstdauer von 24 Monaten
- Wegfall der Vermutung der Arbeitsvermittlung, wenn die Dauer der Überlassung zwölf Monate übersteigt

Im Gegenzug musste auch die Anwendung des Gleichbehandlungsgrundsatzes ab dem ersten Tag der Überlassung erfolgen. Ausgenommen hierfür waren Entleihunternehmen, deren Tarifvertrag abweichende Regelungen enthält.[37]

---

34 ebd., S. 43
35 Interessensverband Deutscher Zeitarbeitsunternehmen e.V. – aufgerufen unter: http://www.ig-zeitarbeit.de/glossary/term/252, am 30.11.2012
36 vgl.: Dahl, H. / Dreyer, M. / von der Planitz, Ch. / von der Rundstedt a. a. O., S. 43f
37 vgl.: ebd., S. 44f

Abb. 4: Reformen und Änderungen im Bereich der Arbeitnehmerüberlassung[38]

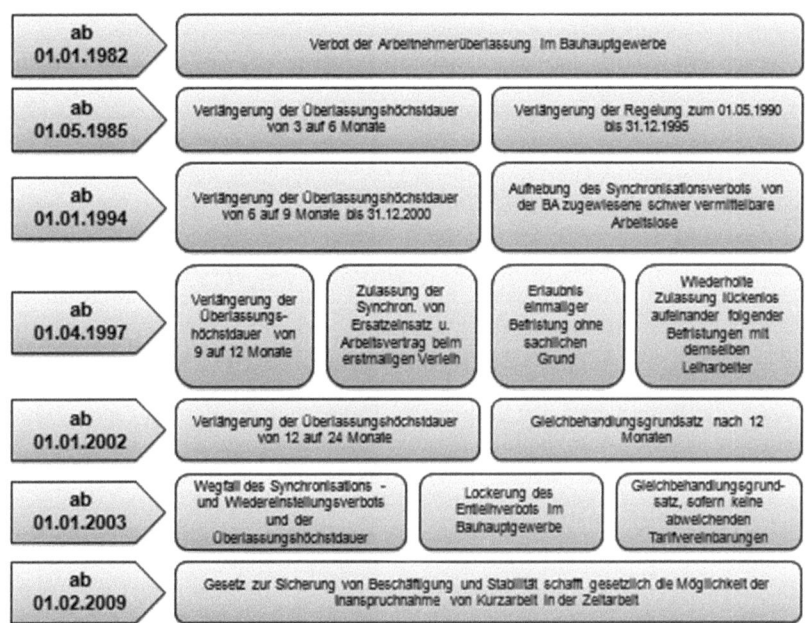

Die derzeit letzte Änderung des AÜG trat zum 01.02.2009 im Rahmen der Finanzkrise in Kraft. Das Gesetz zur Sicherung von Beschäftigung und Stabilität sieht die Möglichkeit vor, dass auch Zeitarbeitsunternehmen Kurzarbeit in Anspruch nehmen können.[39]

1.2.3 Quantitative Entwicklung in der jüngeren Vergangenheit

Das Wachstum der Zeitarbeitsbranche in Deutschland ist durch eine hohe Dynamik gekennzeichnet. Insbesondere waren starke Anstiege nach den gesetzlichen Reformen zur Deregulierung zu verzeichnen. Laut Angaben der Bundesagentur für Ar-

---

38 ebd., a. a. O., S. 5
39 vgl.: Bundesagentur für Arbeit (Hrsg.) – Zeitarbeit in Deutschland – Aktuelle Entwicklungen; Der Arbeitsmarkt in Deutschland, Arbeitsmarktberichterstattung Juli 2012, Download unter: http://statistik.arbeitsagentur.de/cae/servlet/contentblob/244170/publicationFile/119019/Arbeitsmarkt-Deutschland-Zeitarbeit-Aktuelle-Entwicklung-1HJ2010.pdf, aufgerufen am 29.11.2012, S. 5

beit lag im Dezember 1980 „die Zahl der Leiharbeiter bei 33.000, zehn Jahre später schon bei 119.000 und im Dezember 2000 bei 338.000."[40] Im Dezember 2011 erreichten die Leiharbeitnehmer in Deutschland einen Stand von 872.000, womit sich die Zahl in den letzten zehn Jahren mehr als verdoppelt und in den letzten zwanzig Jahren fast versiebenfacht hat.

Abbildung 5 lässt erkennen, dass die Anzahl der Leiharbeitnehmer zwischen 1980 und 1985 weitgehend stagnierte. Erst ab 1985 stieg die Zahl bis Anfang 1990 an. Zur Wiedervereinigung Deutschlands kam das Wachstum der Branche kurz ins Stocken, in den darauffolgenden Jahren von Mitte 1992 bis Herbst 1994 ging die Zahl der Leiharbeitnehmer sogar zurück. Ab 1995 kam es dann jedoch zu einer zweiten Wachstumsphase, in deren siebenjähriger Dauer sich die Zahl der Leiharbeitnehmer mehr als verdreifachte. Ende 2001 folgte ein weiterer Rückgang der Zahlen, der bis ins Rezessionsjahr 2003 anhielt. Seitdem expandiert die Leiharbeit wieder, so dass sich die Zahl der Leiharbeitnehmer in den Jahren Ende 2002 bis Ende 2007 mehr als verdoppelte.[41] Unterbrochen wurde dieses Wachstum Ende 2008 von der Wirtschafts- und Finanzkrise, wovon sich die Branche jedoch schnell erholte und aktuell weiterhin ein Wachstum verzeichnet.

Eindeutige Wachstumsfaktoren sind schwer zu identifizieren. Wie oben angedeutet war insbesondere nach den gesetzlichen Reformen zur Liberalisierung ein Anstieg erkennbar. Dieser Zusammenhang konnte jedoch empirisch nicht belegt werden.

---

40 ebd., a. a. O., S. 5
41 vgl.: Schäfer, H.: Entwicklung der Zeitarbeit, in: Schwaab, M.-O./Durian, A. (Hrsg.): Zeitarbeit – Chancen, Erfahrungen, Herausforderungen. Wiesbaden: Gabler Verlag 2009, S. 6

Abb. 5: Entwicklung und Reformen der Zeitarbeit für den Zeitraum 1980 bis 2011 in Deutschland[42]

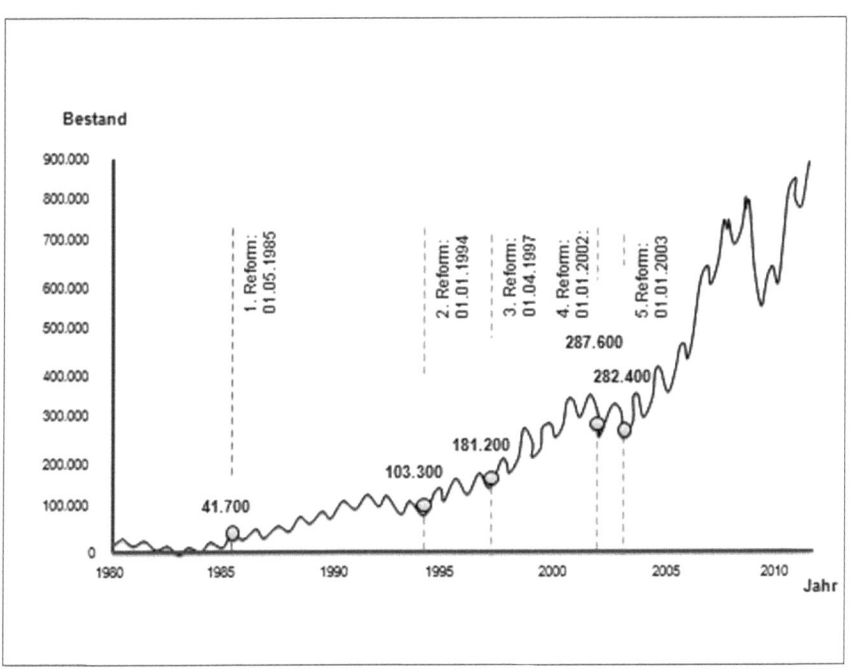

Ein anderer Grund könnte darin bestehen, dass das steigende Lohndifferential zwischen Leiharbeitnehmern und Stammbeschäftigten eine zunehmende Inanspruchnahme von Zeitarbeit begünstigte. Zwar wurde mit der Hartz-Reform der Gleichbehandlungsgrundsatz (Equal-Pay und Equal-Treatment) eingeleitet. Dieser konnte jedoch an der Dynamik wenig ändern. Auch die Nutzung der Zeitarbeit als Flexibilisierungsinstrument könnte eine Ursache darstellen.[43] In Phasen eines Aufschwungs nimmt die Inanspruchnahme von Leiharbeit vorläufig zu. Hält jener an, so kann das Unternehmen das Stammpersonal durch Leiharbeiter erweitern. Folgt jedoch eine Abschwungphase, so ist der Betrieb nicht gezwungen Stammpersonal zu entlassen, sondern reduziert die Nutzung von Leiharbeit.[44] Die Globalisierung, der technische Fortschritt und die wirtschaftliche Unsicherheit nach der Finanzkrise verlangen von den Unternehmen eine zunehmende Flexibilität. Steigt somit auch der Bedarf an Flexibilisierungsinstrumenten, wäre dies ein wichtiger wenn nicht

---

42 ebd., a. a. O., S. 6
43 vgl.: ebd., S. 8f
44 Bundesagentur für Arbeit (Hrsg.): a. a. O., S. 7

sogar der entscheidende Begründungsfaktor für die zurückliegende Expansion der Zeitarbeitsbranche.
Eine weitere Vermutung fokussiert auf das Thema der Angebotsorientierung. Da sich die Zeitarbeitsunternehmen spezifische personalwirtschaftliche Kenntnisse erarbeiten, kann es für die Kundenunternehmen wirtschaftlicher sein, auf die Kompetenz der Zeitarbeitsunternehmen zurückzugreifen anstatt diese selbst zu entwickeln. Wenn sich für Unternehmen demnach die Frage 'make or buy' stellt und mittlerweile ein entsprechend großes und lukratives Angebot vorliegt, kann dies zu einer verstärkten Nachfrage an personalwirtschaftlichen Dienstleistungen führen.[45]

Nicht nur die Anzahl der Leiharbeiter hat in den vergangenen Jahren drastisch zugenommen, sondern auch die der Zeitarbeitsunternehmen. Während sie im Kontext der Wirtschafts- und Finanzkrise geringfügig gesunken war, ist die Zahl mittlerweile wieder angestiegen. So waren bei der Bundesagentur für Arbeit im Juni 2011 in Deutschland 17.400 Verleihbetriebe mit der Erlaubnis zur gewerblichen Arbeitnehmerüberlassung gemeldet. Damit lag die Quote etwa ein Viertel höher als im Jahr 2007. Von den 17.400 Zeitarbeitsunternehmen hatten etwa 50% weniger als 20 Arbeitnehmer, 36% über 20 bis unter 100 Arbeitnehmer und in 14% der Unternehmen waren 100 und mehr Leiharbeitnehmer beschäftigt. Ähnlich wie bei dem quantitativen Wachstum der Leiharbeitnehmer hinterließ die Wirtschaftskrise ihre Spuren auch beim Zuwachs der Betriebe. Zwischen Juni 2008 und Juni 2009 ging die Zahl der größeren Unternehmen mit 100 und mehr angestellten Leiharbeitnehmern deutlich zurück, die Zahl der Unternehmen mit mittlerer Größe sank leicht. Da vermehrt Leiharbeitnehmer aus den Entleihbetrieben zurückgezogen wurden, verschob sich der größte Teil der Unternehmen hin zu kleinen Betriebsgrößen. Der anschließende Personalaufbau ab Juni 2010 verzeichnete wieder eine deutliche Zunahme größerer Betriebe.[46]

Die *Arbeitskräftenachfrage* in der Zeitarbeit hat ein anhaltend hohes Niveau. Bereits ab August 2009 stieg der Bestand an Stellen im Wirtschaftszweig 'Überlassung von Arbeitskräften' an. Bereits zum Jahreswechsel 2010/2011 wurde der letzte Höchststand an gemeldeten Stellen vor der Wirtschaftskrise Anfang 2007 wieder erreicht. Während im Jahr 2011 der Bestand an Arbeitsstellen monatsdurchschnittlich um 3000 stieg, haben sich die Stellenzugänge über das Jahr nur wenig verändert. Der Grund für diesen Nachfrageüberschuss an Arbeitskräften liegt vermutlich darin, dass offene Stellen nicht zeitnah besetzt werden können. Während die durchschnittliche Vakanzzeit, also die Zeitspanne vom gewünschten Besetzungstermin bis zur tatsächlichen Stellenbesetzung, im Jahr 2010 noch 11 Tage betrug, stieg diese im Jahr 2011 auf 67 Tage.

---

45 vgl.: Schäfer; H.: a. a. O., S. 9f
46 vgl.: Bundesagentur für Arbeit (Hrsg.): a. a. O., S. 9

Insgesamt waren bei der Bundesagentur für Arbeit im Jahr 2011 im Durchschnitt 466.000 Stellen gemeldet, darunter 162.000 Stellen aus der Zeitarbeitsbranche. Dies bedeutet eine Zunahme von 43% im Vergleich zum Vorjahr. Der Anstieg der Nachfrage nach Arbeitskräften in der Branche muss jedoch auch mit der gesamten Stellenentwicklung in Deutschland betrachtet werden. Die Gesamtzahl der bei der Bundesagentur für Arbeit gemeldeten Stellen nahm zwischen den Jahren 2003 und 2011 ebenfalls knapp um ein Dreiviertel zu.[47]

In Anbetracht „des nach wie vor hohen Kräftebedarfs der Branche ist zu vermuten, dass dies auch darauf zurückzuführen ist, dass die entleihenden Betriebe vermehrt Zeitarbeitnehmer in ihr Stammpersonal übernehmen."[48] Nach Angaben des Sprechers des Bundesverbands Zeitarbeit (BZA) sei der Stepping-Stone-Effect kein Problem. Das Problem läge stattdessen darin, dass Nachfragen von Kundenunternehmen nicht mehr bedient werden können. Denn mit dem wirtschaftlichen Aufschwung verstärke sich nicht nur dieser Effekt, sondern erschwere sich auch die Rekrutierung neuer Zeitarbeitnehmer.[49]

1.2.4 Struktur der Zeitarbeit als Beschäftigungsform

Im Jahr 2001 wurde ca. 1% aller sozialversicherungspflichtig Beschäftigten über ein Zeitarbeitsverhältnis beschäftigt. Bis zur Wirtschaftskrise hatte sich dieser Anteil auf etwa 2,5% erhöht. Während der Krise sank die prozentuale Quote kurzfristig, stieg jedoch danach wieder an. Aktuell liegt die Zahl an Leiharbeitnehmern bei 2,9%. Im europäischen Vergleich zur Verbreitung von Leiharbeit liegt Deutschland leicht über dem Durchschnitt.[50]

Wie bei klassischen Beschäftigungsformen dominiert auch bei der Arbeitnehmerüberlassung die sozialversicherungspflichtige Vollzeitbeschäftigung. Im Juni 2011 wurden 749.000 vollzeitbeschäftigte und 71.000 teilzeitbeschäftigte Leiharbeitnehmer gemessen. Im Vergleich zur Vollzeitbeschäftigung hat sich die Zahl der Teilzeitbeschäftigten weitaus dynamischer entwickelt. Während die Vollzeitbeschäftigung in den letzten 5 Jahren um etwa die Hälfte anstieg, hat sich die Teilzeitbeschäftigung knapp verdreifacht. Grund für diese Anteilsverschiebung dürfte auch die zunehmende Inanspruchnahme von Zeitarbeit im Dienstleistungssektor sein. In diesem Bereich ist es üblich, Mitarbeiter in Teilzeit einzusetzen. Außerdem

---

47 vgl.: ebd., S. 8f
48 ebd., S. 7
49 vgl.: Dischinger, M.: Den Verleihern geht das Personal aus. In: Staatsanzeiger – Rubrik Wirtschaft und Arbeitsmarkt; Nr. 1, 2012; S. 10
50 vgl.: Bundesagentur für Arbeit (Hrsg.): a. a. O., S. 6,11f

stieg die Zahl der Frauen in der Zeitarbeit, was ebenfalls die Zunahme an Teilzeitmodellen erklären könnte.[51]
Weniger verbreitet in der Zeitarbeit sind dagegen Minijobs. So kamen im Juni 2011 auf 100 sozialversicherungspflichtig beschäftigte Leiharbeitnehmer 6 geringfügig Beschäftigte. Das Verhältnis in allen anderen Branchen liegt im Durchschnitt bei ca. 100 zu 17.[52]

Im Geschlechtervergleich stellen in der Zeitarbeit nach wie vor Männer die Mehrheit dar, auch wenn deren Anteil in den letzten 10 Jahren von 78% auf 73% gesunken ist. Im Gegensatz zu sozialversicherungspflichtig Beschäftigten insgesamt sind die Anteile nicht ausgeglichen. Dieses Ungleichgewicht hängt damit zusammen, dass die Entleihtätigkeiten im gewerblichen Bereich überwiegen. Frauen werden dagegen zu über 50% im Dienstleistungsbereich eingesetzt.[53]

Auch im Hinblick auf die durchschnittlichen Qualifikationen der Arbeitnehmer sind insgesamt Unterschiede zu den sozialversicherungspflichtig Beschäftigten erkennbar. Weniger vertreten in der Arbeitnehmerüberlassung sind Personen mit akademischem Abschluss. Lediglich 3% aller Zeitarbeitnehmer verfügen über ein solches Zertifikat, unter allen sozialversicherungspflichtigen Beschäftigten beträgt dieser Anteil 11%.

Mit 29% sind dagegen Personen ohne abgeschlossene Berufsausbildung überproportional vertreten, im Vergleich zu einem Anteil von 13% unter allen sozialversicherungspflichtig Beschäftigten. Dies deutet auf eine Beschäftigungschance für Geringqualifizierte durch Zeitarbeit hin und untermauert die These von deren Integrationsfunktion.[54]

Auch die Herkunft der Leiharbeitnehmer und ihre zuvor ausgeübte Beschäftigung sind hervorzuheben. Nach einer Statistik der Bundesagentur für Arbeit aus dem Jahr 2010 stammt der überwiegende Anteil aus der Arbeitslosigkeit.[55] Insgesamt waren 47% der Leiharbeiter zuvor bis zu einem Jahr ohne Beschäftigung, ein Anteil von 10% war ein Jahr und länger arbeitslos und 8% der Leiharbeitnehmer weisen kein Beschäftigungsverhältnis vor ihrer Zeitarbeit auf. Lediglich 35% kommt aus einer anderen beruflichen Branche, wobei hier auch Personen inbegriffen sind, die bereits aus einem zurückliegenden Zeitarbeitsverhältnis stammen.[56] In der Regel kann davon ausgegangen werden, dass der Anteil der Personen, die bis zu einem Jahr ohne Beschäftigung waren, überwiegend aus dem Rechtskreis des SGB III stammt und Personen, die ein Jahr und länger ohne Beschäftigung waren oder vorher noch gar nicht beschäftigt waren, mehrheitlich aus dem des SGB II.

---

51 vgl.: ebd., S. 12f
52 vgl.: ebd., S. 15f
53 vgl.: ebd., S. 15
54 vgl.: ebd., S. 16
55 vgl. ebd., S. 18
56 vgl. ebd., S. 18

Abb. 6: Beschäftigungsstruktur in der Zeitarbeit[57]

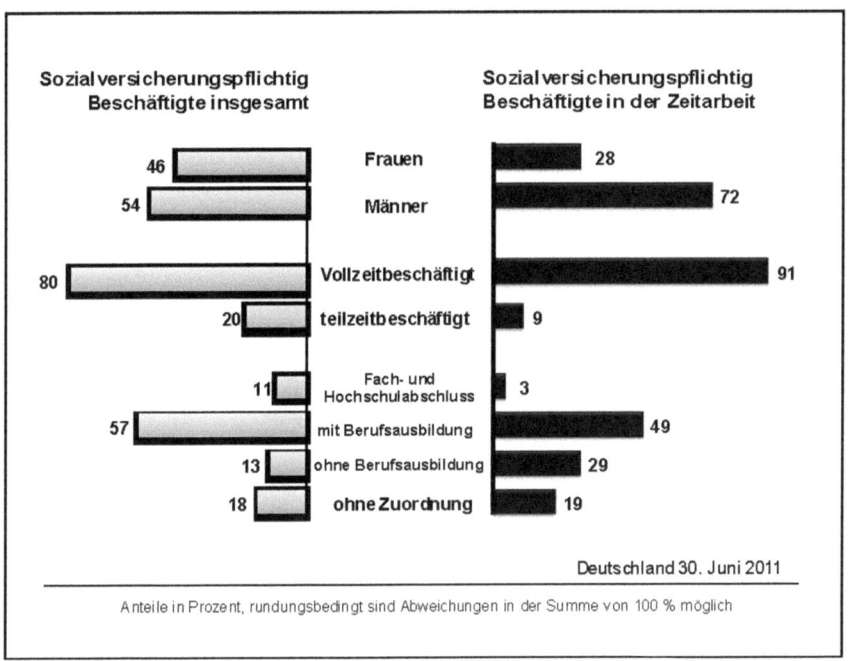

Strukturwandel

Infolge des gesellschaftlichen Strukturwandels haben sich in den vergangenen Jahrzehnten die relevanten Wirtschaftsbereiche verschoben. Die Erwerbstätigenanzahl im primären (Land- und Forstwirtschaft, Fischerei) und sekundären Sektor (produzierendes Gewerbe) ist zugunsten des tertiären Sektors (Dienstleistungsgewerbe) zurückgegangen.[58] Diese Entwicklung spiegelt sich auch an den Einsatzfeldern von Leiharbeitnehmern wieder. Von 552.000 Leiharbeitnehmern, die in den letzten 10 Jahren hinzugekommen sind, arbeitet ein knappes Drittel im Dienstleistungs- und 37% im Helferbereich. Dem Metall- und Elektrobereich sind 13% des Anstiegs zuzuordnen und den Ingenieuren, Technikern und Chemikern 5%.

---

57 ebd., S. 16
58 vgl.: Gabler-Wirtschaftslexikon: aufgerufen unter: http://wirtschaftslexikon.gabler.de/Definition/drei-sektoren-hypothese.html, am 20.05.2012

Entsprechend haben sich auch die Einsatzgebiete in der Zeitarbeitsbranche verändert. So sank in den letzten 10 Jahren der Anteil an Zeitarbeitnehmern in der Elektro- und Metallbranche, wohingegen der Anteil an Zeitarbeitnehmern im Helfer- und Dienstleistungsbereich einen Anstieg verzeichnete. Abbildung 7 verdeutlicht diese Entwicklung in der Übersicht für den Monat Juni 2011.

Da sich der Dienstleistungsbereich auf recht unterschiedliche Berufe verteilt, erscheint das Wachstum an Hilfspersonal in der Zeitarbeit besonders bemerkenswert. Die Expansion des Helferbereichs geht sogar so weit, dass die gesamte Branche bereits stark von einer Durchdringung durch die Arbeitnehmerüberlassung gekennzeichnet ist. Es kann davon ausgegangen werden, dass über 40% der Beschäftigten in diesem Segment in einem Zeitarbeitsverhältnis stehen.[59]

Abb. 7: Beschäftigte in der Zeitarbeit nach Berufsgruppen[60]

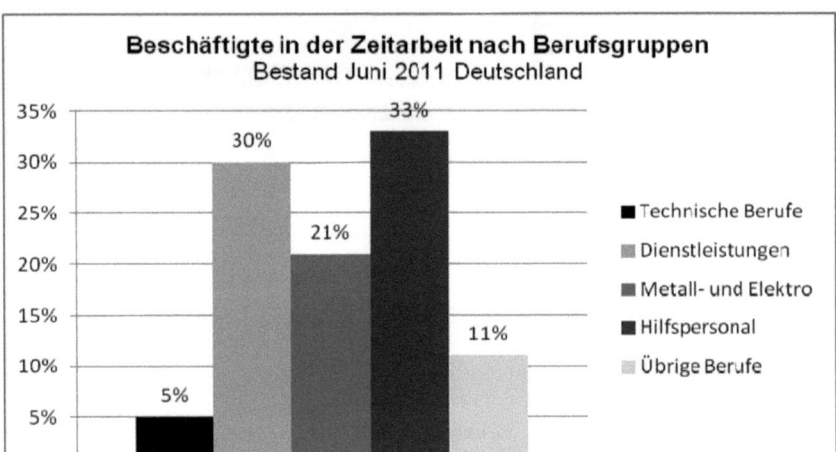

In Anbetracht der relativen Zuwächse erzielten die Dienstleistungsberufe den höchsten Anstieg. Insbesondere in Gesundheitsdienstberufen stieg die Inanspruchnahme von Zeitarbeit deutlich. Unter den Dienstleistungsberufen dominieren einfachere Tätigkeiten, wie Datentypisten, Telefonisten und Werbefachleute.[61]

---

59 vgl.: Schäfer, H.: a. a. O., S. 12
60 vgl.: Bundesagentur für Arbeit (Hrsg.): a. a. O., S. 14
61 vgl.: ebd., S. 12

1.2.5 Argumente für und gegen die Zeitarbeit

In den vergangenen Jahren wurde die Zeitarbeit Stück für Stück liberalisiert und ihr Schicksal nahezu dem Markt überlassen. Dabei loben Politiker und Ökonomen nach wie vor die große Beschäftigungschance gerade für arbeitslose Menschen. Keine andere Branche beschäftigt derzeit einen derart hohen Anteil an geringqualifizierten Arbeitskräften. Der Stepping-Stone-Effect stellt dabei die erfolgsversprechende Perspektive eines jeden Leiharbeitnehmers dar. Mit der Einführung des Equal-Pay- und Equal-Treatment-Grundsatzes sollte auch der letzte Skeptiker bedient werden. Die ununterbrochene Nachfrage der Branche spiegelt sich im eigenen Image der Zeitarbeitsunternehmen wieder: immer mehr, immer schneller, immer besser. Warum demnach an dieser vielversprechenden Beschäftigungsform zweifeln? Gewerkschaften fordern seit jeher die Durchsetzung des Gleichbehandlungsgrundsatzes.

In der aktuellen Debatte werden mehrere Aspekte der Leiharbeit kontrovers diskutiert. Besonders die Beschäftigungsdauer von Leiharbeitnehmern, die Vergütung, die soziale Integration im eingesetzten Betrieb, der missbräuchliche Einsatz von Leiharbeit, die Teilhabe an der Gesellschaft, die Gesundheit der Leiharbeitnehmer und deren Weiterbildungsmöglichkeiten sind dabei in den Blickpunkt geraten.[62]

1.2.5.1 Beschäftigungsdauer

Kaum eine andere Branche hat eine derart hohe Fluktuation wie die Arbeitnehmerüberlassung. Offensichtlich wird dieser immense Personaldurchlauf in den Statistiken über Einstellungen und Entlassungen sowie der durchschnittlichen Beschäftigungsdauer.[63]

Im ersten Halbjahr 2011 wurden insgesamt 580.000 neue Arbeitsverhältnisse zwischen Zeitarbeitsunternehmen und Leiharbeitnehmern abgeschlossen. Dem gegenüber stehen 569.000 beendete Arbeitsverhältnisse, was die hohe Fluktuation aufzeigt. Die durchschnittliche Beschäftigungsdauer wird von der Bundesagentur für Arbeit in folgende Kategorien zusammengefasst: Arbeitsverhältnisse von weniger als einer Woche, Arbeitsverhältnisse von einer Woche bis unter drei Monaten und Arbeitsverhältnisse mit einer Dauer von über drei Monaten. Von den oben ge-

---

[62] vgl.: Ludwig, U.: Arbeitsmarktintegration durch Zeitarbeit – Die Rolle der Zeitarbeit bei der Integration von schwer vermittelbaren Langzeitarbeitslosen in den ersten Arbeitsmarkt; erschienen in: WAO Soziologie, Online Journal für Wirtschafts- Arbeits- und Organisationssoziologie; Jg. 1; Heft 1/2011; Download: http://www.wiso.uni-hamburg.de/fileadmin/projekte/wao/WAO_Soziologie_Beitrag_Ludwig_2011.pdf, aufgerufen am 24.05.2012, S. 29
[63] vgl.: Moser, K. / Galais, N.: Zeitarbeit aus Mitarbeitersicht, in: Schwaab, M.-O./ Durian, A. (Hrsg.): Zeitarbeit–Chancen, Erfahrungen, Herausforderungen; 1. Auflage. Wiesbaden: Gabler Verlag 2009, S. 52

nannten 569.000 beendeten Arbeitsverhältnissen waren 51% drei Monate oder länger beschäftigt, 39% zwischen einer Woche und bis zu drei Monaten und immerhin 10% weniger als eine Woche.[64]

Die Aussagekraft dieser Zahlen wird deutlich, wenn sie mit Beschäftigungszeiten von Arbeitnehmern in der Gesamtwirtschaft verglichen werden: Während im Jahr 2010 die Beschäftigungsdauer in allen anderen Branchen bei 50,0 Monaten lag, betrug diese mit 6,7 Monaten in dem Segment der Zeitarbeit gerade einmal ein Siebtel davon. Ein Zeitarbeitsverhältnis ist demnach nicht nur zeitlich eng befristet, sondern birgt auch ein höheres Entlassungsrisiko im Vergleich zur regulären Beschäftigung. Im Jahr 2011 gingen 3.038.000 Personen aus einer sozialversicherungspflichtigen Beschäftigung in die Arbeitslosigkeit. Von diesen liegen der Bundesagentur für Arbeit für 2.690.000 Personen Informationen vor, aus welcher Branche sie herkommen. 377.000 Abgänge sind der Zeitarbeit zuzuordnen. In Anbetracht dessen, dass die Arbeitnehmerüberlassung lediglich ca. 3% aller sozialversicherungspflichtig Beschäftigten ausmacht, sind 14% Abgänge in Arbeitslosigkeit aus der Zeitarbeitsbranche ein erheblicher Anteil.[65]

Ebenso ist das Risiko für Zeitarbeitnehmer hoch, aus einer sozialversicherungspflichtigen Beschäftigung heraus arbeitslos zu werden. Im Vergleich zu allen anderen Branchen, bei denen das Risiko bei 0,9% lag, waren es in der Arbeitnehmerüberlassung im Jahr 2011 durchschnittlich 3,9%.[66] Insgesamt ist die Kurzlebigkeit dieser Branche anhand der zahlreichen geschlossenen und beendeten Arbeitsverhältnisse unverkennbar.

Im Vergleich der Rechtskreise sind vermehrt Zugangszahlen in das SGB II zu beobachten. Grund hierfür ist, dass viele Zeitarbeitnehmer aufgrund ihrer kurzen Beschäftigungsdauer die Anspruchsvoraussetzungen für das Arbeitslosengeld I nicht erfüllen können oder aufgrund geringer Ansprüche aufstockende Leistungen zur Grundsicherung erhalten.[67]

1.2.5.2 Vergütung

Nach dem Gleichbehandlungsgrundsatz im Sinne des § 3 (1) Nr. 3 Satz 2 und § 9 (2) AÜG sind die wesentlichen Arbeitsbedingungen einschließlich des Arbeitsentgeltes zu gewähren, die ein vergleichbarer Stammarbeiter im Entleihbetrieb erhält. Die Entgeltansprüche umfassen Zuschläge, Provisionen, Gewinnbeteiligungen, Sachleistungen und Sonderzahlungen. Zu den wesentlichen Arbeitsbedingungen gehören unter anderem die wöchentliche Arbeitszeit, Pausenregelungen, Überstun-

---

64 vgl.: Bundesagentur für Arbeit (Hrsg.): a. a. O., S. 18
65 vgl.: ebd., S. 19
66 vgl.: ebd., S. 19
67 vgl.: ebd., S. 20

den, Nachtschichten und arbeitsfreie Tage.[68] Eigentlich dürften diesem Grundsatz nach Leiharbeitnehmer nicht weniger als Stammbeschäftigte verdienen. Indes ermöglicht die aktuelle gesetzliche Regelung eine Umgehung des Gleichbehandlungsgrundsatzes, wenn der Arbeitgeber einen Tarifvertrag mit abweichenden Regelungen zulässt.[69] Die Folge dieser gesetzlichen Reform aus dem Jahr 2003 ist, dass in kürzester Zeit zahlreiche Tarifverträge abgeschlossen wurden. Da die Mehrzahl der Verleiher seither einen eigenen Tarifvertrag verwendet, gilt der Gleichbehandlungsgrundsatz für den Großteil der Leiharbeitnehmer nicht mehr.[70]

Dies hat zur Folge, dass die erzielten Bruttoentgelte in der Zeitarbeit unterdurchschnittlich sind. Im Jahr 2010 erhielten sozialversicherungspflichtig Beschäftigte ein monatliches Brutto-Medianentgelt von 2.702 Euro, bei den Beschäftigten in der Zeitarbeit belief sich dieses dagegen auf nur 1.419 Euro. Diese Differenz hängt naturgemäß auch mit der Qualifikationsstruktur und den Tätigkeitsschwerpunkten im Rahmen der Zeitarbeit zusammen, da dort vermehrt Personen ohne abgeschlossene Berufsausbildung beschäftigt sind und das Arbeitsfeld als solches überwiegend im Helferbereich angesiedelt ist. Dennoch lassen sich in allen Branchen Entgeltdifferenzen zwischen Zeitarbeitnehmern und Stammbeschäftigten nachweisen. Die geringste Abweichung mit durchschnittlich 230 Euro Lohnunterschied findet sich im Helferbereich und mit 1.310 Euro Lohnunterschied sind die technischen Berufe am stärksten betroffen. Auch der Metall– und Elektrobereich sowie der Dienstleistungsbereich verzeichnen einen Unterschied von über 1000 Euro. Dies gilt auch bei einer Differenzierung nach Qualifikationen. Insbesondere Personen mit Fach- oder Hochschulabschlüssen sind von hohen Lohndifferenzen, im Durchschnitt über 1.500 Euro, tangiert.[71]

Infolge der hohen Entgeltunterschiede ist auch der Anteil an niedrigen Bruttoentgelten unter den sozialversicherungspflichtig Vollzeitbeschäftigten überdurchschnittlich hoch. So liegen drei Viertel der Zeitarbeitnehmer mit ihrem Entgelt unter der Niedriglohnschwelle von Zweidrittel des Medianentgelts aller sozialversicherungspflichtigen Vollzeitbeschäftigten. In allen anderen Branchen liegt dagegen nur ein knappes Viertel unter dieser Grenze.[72]

Im Dezember 2011 wurde erstmals vom Bundeskabinett die von den Gewerkschaften seit langem geforderte Lohnuntergrenze für Zeitarbeitnehmer gebilligt. Das Mindeststundenentgelt in der Zeitarbeitsbranche beträgt seit dem 01.01.2012 für die Bundesländer Berlin, Brandenburg, Mecklenburg-Vorpommern, Sachsen, Sachsen-Anhalt und Thüringen 7,01 Euro und für die übrigen Bundesländer 7,89

---

68 vgl.: Dreyer, M.: a. a. O., S. 25
69 vgl.: Dauser, T.: Arbeitnehmer zweiter Klasse? Wild-West Methoden in der Leiharbeitsbranche. In: Schwaab, M.-O. / Durian, A. (Hrsg.): Zeitarbeit – Chancen, Erfahrungen, Herausforderungen; 1. Auflage . Wiesbaden: Gabler Verlag 2009, S. 187
70 vgl.: Antoni, M. / Jahn, E.: IAB – Kurzbericht Nr. 14, 19.09.2006; Download unter: http://doku.iab.de/kurzber/2006/kb1406.pdf, aufgerufen am 29.11.2012
71 vgl.: Bundesagentur für Arbeit (Hrsg.): a. a. O., S. 21
72 vgl.: ebd.

Euro. Zum 01.11.2012 wird das Mindeststundenentgelt in den neuen Bundesländern auf 7,50 Euro und in den übrigen Bundesländern auf 8,19 Euro erhöht. Laut dem Bundesministerium für Arbeit und Soziales soll dieser Mindestlohn vor Billigkonkurrenz aus dem Ausland schützen. Nach dessen Meinung stärkt die Einigung der Tarifpartner bei der Lohnhöhe die Tarifautonomie in Deutschland.[73] Arbeitgeberverbände und Gewerkschaften müssen sich nun auf einen Zeitpunkt einigen, ab wann Leiharbeitnehmer das gleiche Entgelt wie Stammbeschäftigte erhalten.

Eine Einigung für alle Branchen konnte bisher nicht erzielt werden. Jedoch verständigten sich die IG Metall und die Arbeitgeber der Zeitarbeit am 22.05.2012 auf einen Stufenplan für Zuschläge auf den Tariflohn der Leiharbeit in der Metall– und Elektroindustrie. Diese beginnen mit einem Plus von 15% nach 6 Wochen und gelten seit November 2012. Von der Bundesregierung wird nun gefordert, dass auch andere Branchen mit dieser Tarifeinigung nachziehen. Einen gesetzlichen Handlungsbedarf sieht das Bundesministerium für Arbeit und Soziales aktuell jedoch noch nicht.[74]

1.2.5.3 Integration im Entleihbetrieb

Die soziale Position der Zeitarbeitnehmer im Kundenunternehmen kann sehr vielfältig sein, je nachdem wie sie von den internen Mitarbeitern und Vorgesetzten aufgenommen werden. Zeitarbeitnehmer können als willkommene Hilfe oder als unliebsame Konkurrenten wahrgenommen werden. Nicht zu unterschätzen ist die Befürchtung der Stammbelegschaft, durch flexibles Personal ersetzt zu werden.

Letztendlich hängt die Stellung der Leiharbeitnehmer im Entleihbetrieb davon ab, wie dieser die soziale Integration handhabt. Leiharbeiter können Gefühle von sozialer Ungerechtigkeit haben, wenn für die gleiche Arbeit ein geringerer Lohn bezahlt wird. Da ihre Einsätze insgesamt von hoher Unsicherheit geprägt sind und ihnen infolgedessen geringere Wertschätzung entgegengebracht wird, können sie in der Selbst- und Fremdwahrnehmung als ´Arbeitnehmer zweiter Klasse´ gelten. Dies alles hat wiederum Konsequenzen für die Stammbelegschaft.[75] In sozialpsychologischen Befunden über die Teamdynamik in Arbeitsgruppen wird dies deutlich: Je höher der Anteil von Personen mit geringem Status, desto unattraktiver sind die Gruppen und desto kleiner ist die Bereitschaft, sich mit dem Team zu identifizieren.[76]

---

[73] vgl.: Bundesministerium für Arbeit und Soziales; Pressemitteilung vom 20.12.2011; unter: http://www.bmas.de/DE/Service/Presse/Pressemitteilungen/mindestlohn-zeitarbeit-branchen.html, aufgerufen am 29.11.2012
[74] vgl.: ebd.
[75] vgl.: Moser, K. / Galais, N.: a. a. O., S. 54
[76] vgl.: Chattopadhyay, P. / George, E. / Lawrence, S: Why does dissimilatry matter? Exploring self-enhancement, and uncertainly reduction. In: Journal of Applied Psychology, Nr 89; 2004, S. 892-900

Auch in der sozialen Integration eines Leiharbeitnehmers in einem gegebenen Betrieb und der eines neuen internen Mitarbeiters lassen sich von vorneherein Unterschiede vermuten. Während interne Mitarbeiter von Beginn an als dauerhafte Kollegen betrachtet werden, mit denen man sich arrangieren muss, werden Zeitarbeitnehmer nur als vorübergehende Arbeitskräfte angesehen. Die Tatsache, dass diese jederzeit ausgetauscht werden könnten, verhindert zumindest zu Beginn einen Beziehungsaufbau zur Stammbelegschaft. Möglicherweise ergibt sich daher erst nach einiger Zeit eine kollegiale Beziehung der angestammten Mitarbeiterschaft zum Zeitarbeitnehmer.[77]

All diese Hindernisse für eine vollständige soziale Integration in den Betrieb können auf Seiten der Leiharbeitnehmer zu einem subjektiven Empfinden der Austauschbarkeit ihrer Person führen und auch zu einem hohen Bewährungsdruck. Dies wiederum bleibt nicht folgenlos für den Entleihbetrieb, wenn beispielsweise aus Angst, den Arbeitsplatz zu verlieren, die notwendige Kommunikation zwischen Leiharbeiter und Stammpersonal ausbleibt. Die untypische Dreiecksbeziehung in der Arbeitnehmerüberlassung führt dazu, dass sich Zeitarbeitnehmer vom Grundsatz her zu keinem Unternehmen vollständig zugehörig fühlen und weniger Einflussmöglichkeiten und Verwirklichungschancen erleben. Eine infolgedessen geringere Eigeninitiative und Arbeitsmotivation wird sich letztendlich auch auf die Produktivität und das Betriebsklima auswirken.[78] Ein Mangel an Akzeptanz im Betrieb und die erschwerte soziale Integration können schließlich die gesamte Belegschaft aufspalten. Im Ergebnis bleibt festzuhalten, dass trotz der Zunahme an atypischen Beschäftigungsverhältnissen die Beschäftigungsform Zeitarbeit in eine betriebliche Randposition gedrängt ist. Daher müssen im Rahmen der Arbeitnehmerüberlassung Handlungsräume geschaffen werden, die soziale Anerkennung und Einbindung fördern und damit soziale Integration ermöglichen.[79]

1.2.5.4 Missbräuchlicher Einsatz

Der Grundgedanke von Zeitarbeit besteht darin, kurzfristige Auftragsspitzen durch flexibles Zeitarbeitspersonal abzufangen, ohne Änderungen an der Stammbelegschaft vorzunehmen. In der Vergangenheit wurde dieses Prinzip jedoch nicht von allen Unternehmen übernommen, teilweise wurde es geradezu konterkariert. So wurden in einigen Unternehmen Arbeiten fortdauernd von Zeitarbeitnehmern verrichtet, um Lohnkosten zu sparen. Einige Unternehmen standen in der Kritik, da sie einen Anteil von bis zu 50% Leiharbeitnehmer beschäftigt haben sollen.

Doch nicht nur die Dauer und Anzahl von Leiharbeitnehmer - Beschäftigungsverhältnissen wird skeptisch betrachtet. Einzelne Betriebe scheinen das Prinzip der

---

77 vgl.: Moser, K. / Galais, N.: a. a. O., S. 54
78 vgl.: ebd., S. 54f
79 vgl.: Ludwig, U.: a. a. O., S. 33f

Arbeitnehmerüberlassung wissentlich zu unterlaufen, indem sie versuchen, Branchentarifverträge gezielt zu umgehen. Diese Vorgehensweise ist bekannt unter dem sogenannten Drehtür-Effekt. Hierbei werden Stammbeschäftigte entlassen und über eine hauseigene Zeitarbeitsfirma mit der Erlaubnis zur gewerblichen Arbeitnehmerüberlassung wieder eingestellt. Entsprechend kommt es zu erheblichen Lohndifferenzen für die Beschäftigten und zu einem enormen Einsparpotential für den Arbeitgeber.[80]

Die Bundesregierung reagierte auf diesen missbräuchlichen Einsatz von Zeitarbeit durch gesetzliche Maßnahmen. Am 24.03.2011 hat der Bundestag einer gesetzlichen Änderung zum Drehtür-Effekt im AÜG zugestimmt.[81] Seither gilt gemäß § 3 (1) Nr. 3 AÜG eine abweichende tarifliche Regelung nicht für Leiharbeitnehmer, die in den letzten sechs Monaten vor der Überlassung an den Entleiher aus einem Arbeitsverhältnis bei diesem oder einem Arbeitgeber, der mit dem Entleiher einen Konzern im Sinne des § 18 des Aktiengesetzes bildet, ausgeschieden sind. Für die Zeit der Überlassung sind also für diese Leiharbeiter die wesentlichen Arbeitsbedingungen und das Arbeitsentgelt der (vergleichbaren) Stammbelegschaft maßgeblich. Mitarbeiter können nicht mehr entlassen und anschließend über ein Zeitarbeitsverhältnis im gleichen Betrieb beschäftigt werden, es sei denn dies geschieht im Einvernehmen des Gleichbehandlungsgrundsatzes (Equal Pay und Equal-Treatment).

Obwohl mit dieser gesetzlichen Änderung der Drehtür-Effekt untersagt wird, besteht nach wie vor die Möglichkeit, Zeitarbeitnehmer im Betrieb fortdauernd zu beschäftigen ohne ihnen eine Festanstellung anbieten zu müssen. Der Wegfall der Überlassungshöchstdauer öffnete in der Vergangenheit gerade großen Unternehmen Tür und Tor, um Zeitarbeit nicht nur als Flexibilisierungsinstrument zu nutzen, sondern als dauerhaften Bestandteil zur Kosteneinsparung aufzunehmen.

1.2.5.5 Qualifizierung und Weiterbildung

Zeitarbeit ist regelhaft gekennzeichnet durch eine zeitliche Befristung des Einsatzes im Entleihbetrieb. Dass Zeitarbeitnehmer eher Teilaufgaben übernehmen, die mit einer möglichst geringen Einlernphase ausgeübt werden können, liegt daher nahe. Diese Tätigkeiten sind oft standardisiert und leicht kontrollierbar, wodurch die (Weiter-) Entwicklung von Kompetenzen und Fertigkeiten eingeschränkt sein kann.

Es ist fraglich, ob Entleihbetriebe bereit sind, aktiv in die Kompetenzentwicklung ihrer Zeitarbeitnehmer zu investieren, da diese mit hohen Kosten verbunden ist. Aus unternehmerischer Seite spricht auch die hohe Fluktuation gegen kostenintensive Qualifizierungsmaßnahmen. Sie sind naturgemäß eher daran interessiert,

---

80 vgl.: Dauser, T.: a. a. O., S. 185f
81 vgl.: Recht und Finanzen, aufgerufen unter: http://www.recht-finanzen.de/faq/422-leiharbeit-einfuhrung-einer-sogenannten-drehturklausel, am 24.05.2012

dass der Zeitarbeitnehmer die entsprechenden qualifikatorischen Voraussetzungen bereits mitbringt. Es muss daher vermutet werden, dass Zeitarbeitnehmer, die den Arbeitsanforderungen nicht gerecht werden können, 'ausgewechselt' werden, anstatt jene durch entsprechende Maßnahmen zu qualifizieren.

Aus Rentabilitätsgründen ist auch für die Zeitarbeitsunternehmen die Weiterbildung von Leiharbeitern nur dann sinnvoll, wenn sie in einen konkreten einschlägigen Einsatz vermittelt werden sollen und aus dem Arbeitnehmerpool keine Arbeitskraft mit entsprechender Qualifikation vorliegt.[82]

1.2.5.6 Soziale Teilhabe

Im Hinblick auf die Integration im Betrieb ist auch die soziale Teilhabe von Leiharbeitnehmern ins Blickfeld des Interesses gerückt. Hierbei ist die subjektive Empfindung infolge ihrer Beschäftigung zu betrachten, also die Frage, ob sie sich sozial integriert oder exkludiert fühlen. Bisherigen Studien zufolge, fühlen sich insbesondere Arbeitslose und von Armut betroffene Personen in der Gesellschaft marginalisiert.[83] Da die Erwerbsarbeit einerseits eine finanzielle Grundlage schafft und andererseits soziale Kontakte pflegt, bildet sie das Fundament für eine gesellschaftliche Teilhabe.

Jedoch gibt es auch bei den Erwerbssystemen einige Unterschiede in der subjektiven Empfindung von Teilhabe. Zeitarbeitsverhältnisse sind aufgrund des wiederholten Stellenwechsels und des drohenden Verlusts des Arbeitsplatzes charakterisiert durch eine hohe Planungsunsicherheit. Dadurch können auch die soziale Integration und die Teilhabechancen erschwert werden. Eine Studie des 'Panels Arbeitsmarkt und soziale Sicherung' untersuchte die Frage, in welchem Ausmaß sich Personen mit unterschiedlichem Erwerbsstatus als gesellschaftlich integriert wahrnehmen. Herausgefunden wurde, dass sich arbeitslose Menschen am schlechtesten in der Gesellschaft integriert fühlen, gefolgt von Leiharbeitnehmern. Am besten integriert erleben sich unbefristet Beschäftigte und Selbständige. Die subjektive Wahrnehmung der Leiharbeitnehmer lässt sich nach dieser Studie vor allem durch die relativ schlechte Vergütung und das besondere Ausmaß an Beschäftigungsunsicherheit erklären.[84] Die Unterschiede im Integrationsempfinden spiegeln dieser Studie nach die Abstufungen in der subjektiv wahrgenommenen Beschäftigungssicherheit wieder. Je sicherer das Beschäftigungsverhältnis und je besser die Perspektive auf ein solches ist, desto positiver erscheint das subjektive Integrationsempfinden zu sein.[85]

---

82 vgl.: Moser, K. / Galais, N.: a. a. O., S. 55f
83 vgl. z. B.: Grundert, S. / Hohendanner, C.: Leiharbeit und befristete Beschäftigung – Soziale Teilhabe ist eine Frage von stabilen Jobs; IAB Kurzbericht; Nr. 4/2011, Download unter: http://doku.iab.de/kurzber/2011/kb0411.pdf, aufgerufen am 29.11.2012; S. 1
84 vgl.: ebd., S. 1-5.
85 vgl.: ebd., S. 5

1.2.5.7 Gesundheit

Die oben erläuterte subjektive Wahrnehmung von Exklusion hat konkrete Folgen für das Wohlergehen und die psychische Gesundheit. Forschungsergebnisse zeigen, dass diese einen psychischen Zustand hervorrufen kann, der mit physischen Schmerzen vergleichbar ist.[86] Im Jahr 2009 veröffentlichte die Techniker Krankenkasse ihren Gesundheitsreport mit dem Schwerpunkt Zeitarbeit. Hiernach wurde bestätigt, dass sowohl die Fehlzeiten mit einem Plus von 38% als auch die Häufigkeit von Arbeitsunfähigkeitsmeldungen mit einem Plus von 36% bei Zeitarbeitnehmern insgesamt deutlich höher liegen als bei anderen Beschäftigten.[87] Zudem wurden Befragungen zum körperlichen und psychischen Befinden durchgeführt. Im Vergleich zu anderen Beschäftigten stellte sich heraus, dass Zeitarbeitnehmer ihr psychisches Befinden am negativsten und merklich schlechter als die Vergleichsgruppe darstellen. So leiden sie im Schnitt mehr unter Sorgen und unter einer gesteigerten seelischer Verletzbarkeit. Unterschiede im körperlichen Befinden wie beispielsweise Herz-Kreislauf- oder Magen-Darm-Beschwerden sind dagegen nicht so stark ausgeprägt. Zusammengefasst hält der Report fest, dass „Zeitarbeit nach den knappen resümierenden Einschätzungen primär mit psychischen Belastungen und nur in geringerem Umfang mit somatischen Einschränkungen assoziiert sein dürfte".[88]

Ebenfalls zu erwähnen ist das erhöhte Unfallrisiko von Zeitarbeitnehmern. Die Gründe hierfür können unterschiedlicher Art sein. So erschwert das typische Dreiecks-Verhältnis zwischen Verleiher, Entleiher und Leiharbeitnehmer die Kommunikation, wodurch Fragen des Arbeitsschutzes möglicherweise vernachlässigt werden. Außerdem haben Verleihunternehmen nicht immer die Möglichkeit, die Gefahren am Arbeitsplatz vor Ort einzuschätzen. Hinzu kommt die Doppelzuständigkeit von Verleiher und Entleiher bei der Arbeitssicherheit, die zu Nachlässigkeiten führen kann. Auch der hohe Anteil an monotonen Tätigkeiten kann zu einem erhöhten Unfallrisiko führen. Jedoch ist gerade für Leiharbeitnehmer der Arbeitsschutz von besonderer Wichtigkeit, da sie sich ständig auf neue Arbeitsplätze und Anfahrtswege einstellen müssen.[89]

---

86 vgl.: Deutscher Bundestag, aufgerufen unter: http://dip21.bundestag.de/dip21/btd/17/082/17082 67.pdf, am 15.07.2012
87 vgl.: Techniker Krankenkasse (Hrsg.), Gesundheitsreport 2009, Schwerpunkt: Gesundheit von Beschäftigten in Zeitarbeitsunternehmen, Download unter: http://www.tk.de/centaurus/servlet/contentblob/157354/Datei/19443/Gesundheitsreport-8.pdf, aufgerufen am 29.11.2012, S. 34
88 vgl.: ebd., S. 76
89 vgl.: Dauser, T.: a. a. O., S. 182f

Zwischenfazit

Die Entwicklung der Arbeitnehmerüberlassung schreitet in großen Schritten voran. Welche gesetzlichen, ökonomischen und gesellschaftlichen Einwirkungen hierfür verantwortlich waren, wurde in diesem Kapitel aufgeführt. Unternehmerische Vorteile durch Zeitarbeit wie Flexibilität oder Kostenersparnis sind nachvollziehbar. Offensichtlich ist jedoch auch, in welchen Spannungsfeldern Leiharbeitnehmer stehen. Trotz der gesetzlichen Reform im Jahr 2003 scheint das Prinzip des Equal-Pay und Equal-Treatment noch lange nicht in dem gedachten Sinne praktiziert zu werden. Die Bundesregierung rudert nach Jahren der Liberalisierung nun wieder etwas zurück und fordert eindeutige Tarifvereinbarungen. Bei den an der einen oder anderen Stelle angeführten Überlegungen ist bereits angeklungen, dass Zeitarbeit durchaus eine Beschäftigungsperspektive für arbeitslose Menschen darstellen kann, zum Beispiel wenn sich der intendierte Stepping-Stone-Effect einstellt oder wenn Leiharbeitnehmer formelle oder informelle Kompetenzen entweder in dem Zeitarbeitsunternehmen oder im Entleihbetrieb erwerben können.

2. EMPIRISCHER TEIL

Eine umfassende Untersuchung zur einschlägigen Thematik liegt bisher nicht vor. Jedoch sind empirische Einzelbefunde zu den vier Teilfragestellungen, die dieser Arbeit als Forschungsfragen zugrunde gelegt wurden, verfügbar. Wie bereits in der Einführung genannt, lauten diese:

1. Zeitarbeit als Chance, um eine reguläre sozialversicherungspflichtige Beschäftigung zu erhalten?
2. Zeitarbeit als Chance, um gesellschaftliche Teilhabe zu erlangen?
3. Zeitarbeit als Chance, um die eigene Existenz sicher stellen zu können?
4. Zeitarbeit als Chance, um Fähigkeiten und Kompetenzen aufzubauen?

Diesen Fragestellungen wird durch eine Interviewstudie mit Experten und durch die Analyse des verfügbaren Daten- und Forschungsmaterials nachgegangen. Dabei ist zu betonen, dass bei beiden Zugängen der Fokus ausschließlich auf Leistungsempfänger des SGB II liegt. Die Forschungsfragen beziehen sich also auf folgende Zielgruppen:

- Arbeitslose, die keinen Anspruch auf Arbeitslosengeld I haben, jedoch den Anspruchsvoraussetzungen gem. § 7 (1) Satz 1 SGB II entsprechen und somit in den Rechtskreis des SGB II fallen oder
- Langzeitarbeitslose des Rechtskreises SGB II oder
- Langzeitleistungsbezieher im Sinne des § 48a SGB II.

Der Rahmen für die Studie beinhaltet zum einen eine Zusammenfassung des aktuellen Forschungsstandes und zum anderen eine Analyse einschlägiger Daten zur Zeitarbeit aus dem Landkreis, dem die interviewten Experten entstammen sowie vergleichende Statistiken für das Bundesgebiet. Da der Schwerpunkt der empirischen Vorgehensweise auf der Interviewstudie liegt, wird das methodische Vorgehen detailliert dargestellt und deren Ergebnisse umfassend berichtet.

2.1 Aktueller Forschungsstand

2.1.1 Übernahme in ein reguläres Beschäftigungsverhältnis

Der Bundesagentur für Arbeit ist der prozentuale Anteil von Leiharbeitnehmern, die von ihrem Entleihunternehmen in ein reguläres Beschäftigungsverhältnis übernommen werden, nicht bekannt.[90] Allerdings liegen einige Analysen vor, die entsprechende Rückschlüsse erlauben. Sie unterscheiden sich jedoch erheblich in ihren Ergebnissen. So schätzten Weinkopf und Vanselow im Jahr 2008 den Stepping-Stone-Effect auf ca. 30%.[91] Dagegen kam Promberger anhand statistischer Hochrechnungen des IAB-Betriebspanels für 2003 auf einen Anteil von 12 bis 14%[92] und Strotmann und Vogel im Jahr 2004 lediglich auf ca. 4 bis 7%.[93]

Vom Institut der deutschen Wirtschaft in Zusammenarbeit mit der IW Consult GmbH liegt eine aktuelle Studie aus dem Jahr 2011 zum Thema Zeitarbeit in Deutschland vor. Diese Unternehmensbefragung kommt zu dem Ergebnis, dass rund 14% Leiharbeitnehmer vom Entleihbetrieb übernommen werden. Im Durchschnitt und branchenübergreifend kann also für jeden siebten Leiharbeitnehmer die Chance genutzt werden, in ein reguläres Beschäftigungsverhältnis einzumünden. Die Ergebnisse zeigen weiter, dass rund 76% der Leiharbeitnehmer, also mehr als Dreiviertel, der Weg in ein reguläres Beschäftigungsverhältnis ohne Zeitarbeit verwehrt geblieben wäre, da die Entleihunternehmen jene ohne ihren vorherigen Leiharbeitseinsatz nicht angestellt hätten.[94]

2.1.2 Teilhabe am gesellschaftlichen Leben und subjektive Wahrnehmung der sozialen Integration

Sozialversicherungspflichtige Beschäftigung ist eine wichtige Voraussetzung für soziale Teilhabe. Die Aufnahme eines Zeitarbeitsverhältnisses kann ein Abschnitt

---

90 vgl.: Bundesagentur für Arbeit (Hrsg.): a. a. O., S. 7
91 vgl.: Weinkopf, C. / Vanselow, A.: WISO – Diskurs – (Fehl)-Entwicklungen in der Zeitarbeit; Juni 2008, Friedrich-Ebert-Stiftung, Download unter: http://library.fes.de/pdf-files/wiso/05403.pdf, aufgerufen am 30.11.2012, S. 8
92 vgl.: Promberger, M.: Leiharbeit im Betrieb, Strukturen, Kontexte und Handhabungen einer atypischen Bschäftigungsform, Hans Böckler Stiftung; Download unter: http://www.boeckler.de/pdf_fof/S-2002-418-3-9.pdf, aufgerufen am 30.11.2012, S. 120f
93 vgl.: Strotmann, H. / Vogel, A.: Zur Bedeutung der Bundesagentur für Arbeit für die Stellenvermittlung in Baden-Württemberg, erschienen in: IAW – Kurzbericht; Nr. 4/2004; Download unter: http://doku.iab.de/externe/2004/k040802f04.pdf ,aufgerufen am 30.11.2012, S. 14
94 IW Consult GMBH / Institut der Deutschen Wirtschaft Köln (Hrsg.): Zeitarbeit in Deutschland, 2011, Download unter: http://www.iwconsult.de/imperia/md/images/iwconsult/pdf/download/studien/studiezeitarbeit_20110615.pdf, aufgerufen am 17.06.2012, S. 32ff

auf dem Weg zur regulären Beschäftigung darstellen und daher die subjektive Wahrnehmung der sozialen Integration positiv beeinflussen. Ob und inwieweit dies der Fall ist, wurde durch das 'Panel Arbeitsmarkt und soziale Sicherung' erhoben.[95] An der jährlichen Befragung des IAB–Betriebspanels nehmen etwa 16.000 Betriebe aller Branchen und Betriebsgrößen teil. Im Jahr 2010 hatte diese zum Gegenstand, ob und wie gut sich arbeitslose Menschen, Leiharbeitnehmer, befristet und unbefristet Beschäftigte sowie Selbständige in der Gesellschaft integriert fühlen. Die Einschätzung der sozialen Zugehörigkeit wurde von den Befragten auf einer Skala von 1 bis 10 angegeben, wobei 1 für 'ausgeschlossen' und 10 für 'dazugehörig' steht. Arbeitslose Menschen in Deutschland haben sich demzufolge durchschnittlich einem Wert von 6 und Leiharbeitnehmer einem von 7 zugeordnet. Befristet Beschäftigt gaben im Durchschnitt einen Wert von knapp 8 an. Am meisten sozial integriert fühlen sich nach dieser Studie unbefristet Beschäftigte und Selbständige mit einem durchschnittlichen Skalenwert von über 8.[96]

Weiter wurde in dieser Studie gefragt, ob und inwieweit die Aufnahme einer Beschäftigung für vormals arbeitslose Menschen zu einer Verbesserung ihres Integrationsempfindens beitragen kann. Die Ergebnisse waren insofern eindeutig, als sich die subjektiv wahrgenommene Integration bei allen Personen verbesserte, die erwerbstätig wurden, ob als Leiharbeitnehmer, befristet Beschäftigte oder unbefristet Beschäftigte. Erwartungsgemäß verbesserte sich allerdings das Integrationsempfinden am deutlichsten bei Personen, die in ein unbefristetes Arbeitsverhältnis einmündeten. Die Aufnahme einer befristeten Beschäftigung verbesserte jenes deutlich weniger und am seltensten wurde eine Veränderung von denjenigen Personen bemerkt, die eine Zeitarbeitsbeschäftigung aufnahmen.[97]

Es kann also davon ausgegangen werden, dass sich das Gefühl einer arbeitslosigkeitsbedingten mangelnden gesellschaftlichen Teilhabe durch Zeitarbeit zumindest etwas verringert. Vermutlich ist dabei die Erwartung der Betroffenen entscheidend, dass das Leiharbeitsverhältnis im Sinne einer Übergangslösung eine Brücke in ein reguläres Arbeitsverhältnis darstellt. Leiharbeiter, die dagegen die Zeitarbeit als einen Dauerzustand wahrnehmen oder erleben, werden kaum ein Empfinden der sozialen Teilhabe entwickeln.[98]

2.1.3 Sicherung der materiellen Existenz

Ziel der Grundsicherung für Arbeitsuchende ist gemäß § 1 (2) Satz 1 SGB II, dass die Eigenverantwortung von erwerbsfähigen Leistungsberechtigten und Personen, die mit ihnen in einer Bedarfsgemeinschaft leben, gestärkt wird. Die Betroffenen

---

95 vgl.: Grundert, S. / Hohendanner, C.: a. a. O., S. 1-7
96 vgl.: ebd., S. 3
97 vgl.: ebd., S. 5
98 vgl.: ebd., S. 5f

sollen dahin geführt werden, dass sie ihren Lebensunterhalt unabhängig von der Grundsicherung aus eigenen Mitteln und Kräften bestreiten können. Dies heißt nichts anderes, als dass ein Einkommen durch Erwerbsarbeit den eigenen Lebensunterhalt sicher stellen soll.

Die Bundesagentur für Arbeit verfügt über statistische Daten, die belegen, dass ein beachtlicher Anteil an vollzeitbeschäftigten Leiharbeitnehmern ihre Existenz nicht eigenständig bestreiten kann, sondern auf zusätzliche Leistungen der Grundsicherung für Arbeitsuchende angewiesen ist. Während im Juni 2011 rund 3% der regulär Beschäftigten zusätzlich Arbeitslosengeld II bezogen, lag der Anteil in der Arbeitnehmerüberlassung bei 10% (bzw. 7% wenn man nur Beschäftigte zugrundelegt, die Einkommen aus Erwerbstätigkeit beziehen). Zumindest jeder vierzehnte Leiharbeitnehmer war somit ein sogenannter Aufstocker.[99]

2.1.4 Erwerb von Kompetenzen und Fähigkeiten

Galais, Moser und Münchhausen befragten 433 Zeitarbeitnehmer in Deutschland zu ihren Weiterbildungsmöglichkeiten. Hierbei stellte sich heraus, dass sich in den Entleihbetrieben die formalen Bildungsangebote (Schulungen, Kurse, Seminare) weitgehend auf Sicherheitsschulungen, Informationsmaterial und der Förderung von Zusatzqualifikationen beschränkten. Zeitarbeitsunternehmen bieten nach dieser Studie nur einem kleinen Teil ihrer Beschäftigten Fort- oder Weiterbildung an. Im Grundsatz scheint formale Kompetenzerweiterung der Zeitarbeiter mehr vom Entleihbetrieb als den Zeitarbeitsunternehmen angeboten zu werden.[100]

Neben den formellen Lernvorgängen sind auch die informellen, nicht vorstrukturierten Lernprozesse von Bedeutung. Hier weisen die Autoren dieser Studie nach, dass Zeitarbeitnehmer generell einen höheren Zuwachs bzw. Gewinn an informellen Lernresultaten verzeichnen. Diese resultieren aus den konkreten Erfahrungen im Prozess der Arbeit und beziehen sich beispielsweise auf das 'learning-by-doing'.[101]

Unter dem Gesichtspunkt der individuellen Kompetenzentwicklung sollten informelle Lernprozesse immer über mehrere Einsätze der Zeitarbeitnehmer betrachtet werden. Die ständigen Wechsel der Entleihbetriebe verlangen z. B. den Arbeitnehmern ein ausgesprochen hohes Maß an Anpassungsfähigkeit ab. Des Weiteren betreffen die erworbenen Fähigkeiten nicht nur die unmittelbare Arbeitswelt, sondern auch den Bereich der proaktiven sozialen Interaktion (vgl. Abb. 8).

---

99 vgl.: Bundesagentur für Arbeit (Hrsg.): a. a. O., S. 21
100 vgl.: Moser, K. / Galais, N.: a. a. O., S. 56
101 vgl.: ebd.

Abb. 8: Individuelle Kompetenzentwicklung in der Zeitarbeit[102]

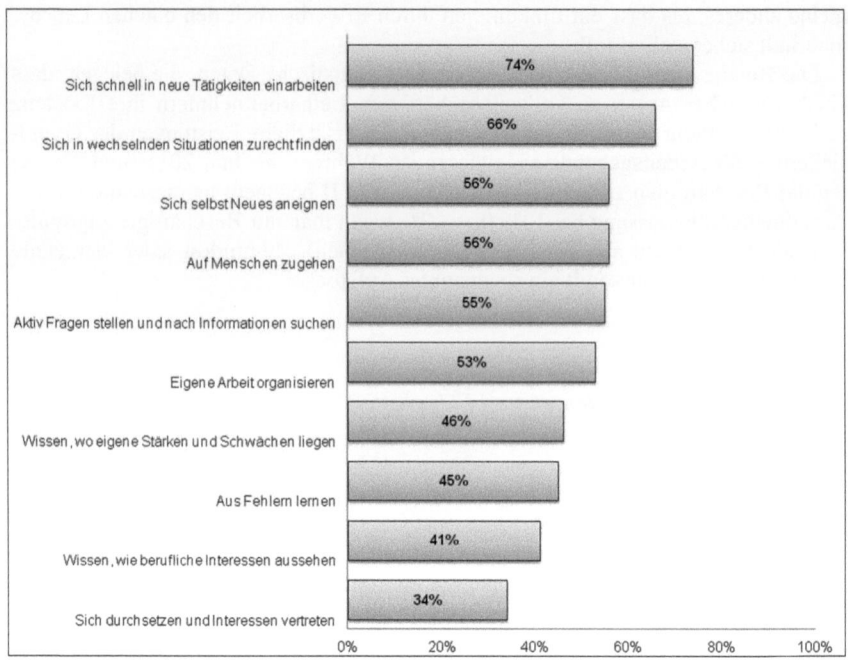

Umfassend betrachtet, hängt die Wahrscheinlichkeit, sich im regulären Arbeitsmarkt platzieren zu können, von den Fähigkeiten und Fertigkeiten ab, die eine Person mitbringt. Nach Galais, Moser und Münchhausen gehen beinahe 60% der befragten Zeitarbeitnehmer davon aus, dass sich ihre Arbeitsmarktchancen infolge der Beschäftigung in einem Zeitarbeitsverhältnis und die dadurch neu gewonnenen Kompetenzen erhöht haben. Ein Drittel der Befragten vermutet keine Veränderung und 8% befürchtet eine Verschlechterung.[103]

Zwischenfazit

Die verfügbaren Untersuchungen liefern Anhaltspunkte dafür, ob und unter welchen Bedingungen Zeitarbeit eine Chance für arbeitslose Menschen darstellen kann. Bemerkenswert ist zunächst, dass die Wahrscheinlichkeit von dem Entleihbetrieb

---

102 vgl.: ebd., S. 58
103 vgl.: ebd., S. 58ff

in ein reguläres Beschäftigungsverhältnis übernommen zu werden, sich auf etwa 14% aller Fälle beschränkt. Auch die Chance einer verbesserten sozialen Teilhabe am gesellschaftlichen Leben, ist eher schwach ausgeprägt, wenn man das subjektive Integrationsempfinden als ein Indiz dafür zugrundelegt. Zwar werden von den Betroffenen die Teilhabemöglichkeiten im Vergleich zu einer Arbeitslosigkeit besser bewertet, dennoch nehmen sie Zeitarbeit eher als eine Notlösung wahr. Grundsätzlich führt Zeitarbeit auch nur einen Teil der Leiharbeitnehmer in die finanzielle Unabhängigkeit. Auch der kürzlich eingeführte Mindestlohn kann nicht verhindern, dass die Abhängigkeit von staatlichen Transfers für einen erheblichen Anteil von Leiharbeitnehmern weiter bestehen bleibt. Allerdings schätzt eine Mehrheit der Zeitarbeitnehmer die eigene Kompetenzentwicklung durch die Entleihung vor allem im Bereich der informellen Fähigkeiten als positiv ein. Hier liegen dann auch die Möglichkeiten, die eigenen Chancen für ein reguläres Beschäftigungsverhältnis zu vergrößern.

2.2 Zeitarbeit in der Untersuchungsregion

Um die statistischen Eckdaten zur Zeitarbeit und zur Arbeitslosigkeit desjenigen Landkreises zu erhalten, auf den sich die nachfolgend dargestellte Interviewstudie bezieht, wurde von dem regionalen Jobcenter eine Anfrage bei der Bundesagentur für Arbeit-Statistik-Service gestellt. Diese interne Abfrage liefert zusätzliche und wichtige Informationen für die Einbettung der in Kapitel 2.4 berichteten Befunde. Die referierten Statistiken beziehen sich auf den fokussierten Landkreis und haben daher nicht den Anspruch einer Repräsentativität. Soweit dies möglich ist, werden sie aber den entsprechenden bundesweiten Daten gegenübergestellt.

Zu berücksichtigen ist schließlich, dass es sich bei der in Frage stehenden Untersuchungsregion um eine Optionskommune handelt und das dortige Jobcenter ein im Sinne des § 6a SGB II zugelassener kommunaler Träger ist.

2.2.1 Vorgehensweise und Differenzierung

Damit eine vergleichende Analyse der Ausgangssituation möglich wird, sind Kennwerte zur *Verbreitung der Zeitarbeit* von grundsätzlicher Bedeutung, zum einen in der Untersuchungsregion und zum anderen korrespondierend im gesamten Bundesgebiet. Daher wurde die Bundesagentur für Arbeit nach der Zahl derjenigen Personen gefragt, die in den Jahren 2000 - 2011 in dem Untersuchungs-Landkreis in einem Zeitarbeitsverhältnis beschäftigt waren. Die gleichen Werte wurden für das Bundesgebiet erbeten.

Weiter wurde die Bundesagentur um Angaben zu den *Integrationen in Zeitarbeitsverhältnisse* gebeten. Da die Dauer des Leistungsbezuges eine moderierende Variable darstellt, sollte jene eine nach SGB II–Leistungsbezieher, langzeitarbeitslose SGB II–Leistungsbezieher und SGB II–Langzeitleistungsbezieher differenzierte Analyse sein. Beabsichtigt war ein Vergleich, welche dieser Personengruppen am häufigsten ein Zeitarbeitsverhältnis aufnimmt. Der Frage, inwieweit die Dauer des Leistungsbezuges eine Auswirkung darauf hat, ob ein Zeitarbeitsverhältnis aufgenommen wird, kann und soll hier nicht weiter nachgegangen werden.

Um die Quote der Einmündungen in den regulären Arbeitsmarkt in Relation zu dem Anteil der Übernahmen in ein Zeitarbeitsverhältnis abschätzen zu können, wurde ferner um Angaben über die *Integrationen in den regulären Arbeitsmarkt* angefragt. Hierbei wurde ebenfalls eine Unterscheidung in oben genannte Personengruppen vorgenommen.

Die Nachhaltigkeit eines Zeitarbeitsverhältnisses definiert sich auch über die *Beschäftigungsdauer im Entleihunternehmen*. Die Bundesagentur wurde nach entsprechenden Durchschnitts-Angaben für die Untersuchungsregion und für das Bundesgebiet gebeten. Auch war eine Differenzierung in die drei oben genannten Personengruppen wichtig, um einschätzen zu können, für welche dieser Personengruppen sich eine Zeitarbeit besonders oder weniger nachhaltig herausstellt.

Die letzte Anfrage bezieht sich auf die Anzahl der Personen, die in einem Zeitarbeitsverhältnis beschäftigt sind und *aufstockend SGB II-Leistungen* erhalten. Dabei wurde berücksichtigt, dass die Personen seit mindestens drei Monaten beschäftigt sein müssen, da aufgrund des Zuflussprinzips trotz Arbeitsaufnahme für weitere zwei Monate Leistungen ausbezahlt werden können. Dies ist beispielsweise der Fall, wenn das erste Gehalt erst zum Ende des ersten vollen Monats überwiesen wird. Außerdem wurde diese Anfrage in die verschiedenen Arbeitszeitmodelle unterteilt: Vollzeit, vollzeitnahe Teilzeit, Teilzeit und geringfügig. Diese Abstufung sollte ergänzenden Aufschluss darüber geben, inwieweit auch Vollzeitbeschäftigte auf zusätzliche Transferleistungen angewiesen sind.

Mit Ausnahme der erstgenannten Abfrage, die sich auf das Zeitfenster 2000-2011 bezog, wurden alle anderen nur für die Jahre 2009, 2010 und 2011 angefragt, um ein möglichst aktuelles Bild zu erhalten. Außerdem sollte verhindert werden, dass das Zahlenmaterial durch die (Nach-)Wirkungen der bis Ende 2008 andauernden Wirtschaftskrise verzerrt und damit dessen Validität in Frage gestellt wird.

2.2.2 Daten und Kennwerte

Die Bundesagentur für Arbeit konnte die angefragten Daten nur zum Teil liefern, da von ihr das Auswahlkriterium 'Zeitarbeit' ausschließlich über die Klassifikation des Wirtschafszweigs WZ08 – 78: 'Vermittlung und Überlassung von Arbeitskräften' ausgewertet wird. Bei dieser Klassifikation wird jedoch auch das Stammpersonal der Zeitarbeitsfirmen, das heißt die Angestellten im Innen- und Außendienst, mit einberechnet.

Zur *Verbreitung von Zeitarbeit* konnte eine Auswertung sowohl für die Untersuchungsregion als auch für das Bundesgebiet zusammengestellt werden, welche die sozialversicherungspflichtig Beschäftigten der Abteilung 78 aus dem Wirtschaftszweig WZ08 zeigt. Diese wurden demnach entsprechend der Zugehörigkeit ihres Betriebes, also der Zeitarbeitsunternehmen, diesem Wirtschaftszweig zugeordnet. Da sich die Klassifikation der Wirtschaftszweige seit 2000 mehrfach geändert hat, ist allerdings die Vergleichbarkeit der ausgewerteten Wirtschaftszweige (WZ93, WZ03 und WZ08) nicht zwingend gegeben. Die Ergebnisse dieser Anfrage sind in Abbildung 9 veranschaulicht. Die hellere Kurve zeigt dort die Entwicklung des untersuchten Landkreises, die dunklere im Vergleich diejenige für das Bundesgebiet. Beide Kurven verlaufen weitgehend parallel, die Zahl der Beschäftigten in Zeitarbeitsfirmen entwickelte sich also nahezu synchron. Im prozentualen Vergleich ist die Arbeitnehmerüberlassung in der Untersuchungsregion in den Jahren 2000 bis 2011 (Durchschnitt der ersten drei Quartale 2011) im arithmetischen Mittel um 63,16% und in Deutschland um 61,05% angestiegen.

Die genaue Anzahl der *Integrationen in Zeitarbeitsverhältnisse* ist der Bundesagentur unbekannt. Dies hat seinen Grund darin, dass jene nicht auf den Zielberuf Zeitarbeit filtern kann, da die vermittelten Personen nicht unter dieser Bezeichnung, sondern nur über den im Entleihbetrieb ausgeführten Beruf erfasst werden. Eine Einschränkung auf den Wirtschaftszweig ermöglicht außerdem keine verwertbaren Ergebnisse.

Zu den *Integrationen in den Arbeitsmarkt* hatte die Anfrage ebenfalls nur bedingten Erfolg. Für die Auswertung eines „Deutschland-Wertes" zur Integration von Langzeitleistungsbeziehern müsste die Bundesagentur für Arbeit auf Schätz- und Hochrechnungswerte zurückgreifen. Da dieses Verfahren höchst aufwendig ist und mit den oben genannten Einschränkungen nur wenig Aussagekraft besitzt, wurden die Daten nicht geliefert. Es konnte lediglich eine Auswertung über die Abgänge von Langzeitarbeitslosen im Rechtskreis des SGB II in Beschäftigung am ersten Arbeitsmarkt zusammengestellt werden. Diese Daten wären jedoch für die Untersuchung nur dann relevant, wenn die Integrationen in Zeitarbeit mit den Einmündungen in den ersten Arbeitsmarkt in ein Verhältnis hätten gebracht werden können. Die separaten Ergebnisse über Integrationen in den ersten Arbeitsmarkt können daher nicht für den vorliegenden Forschungszweck verwendet werden.

Abb. 9: Entwicklung der Zeitarbeit in Deutschland und im untersuchten Landkreis
(Beschäftigte in der Zeitarbeitsbranche)

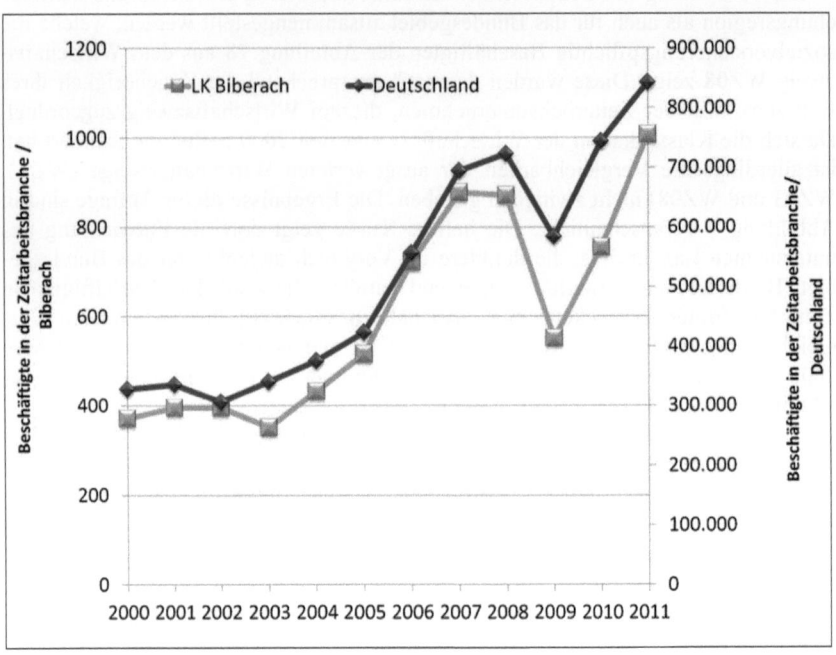

Die Bundesagentur verfügt auch nicht über Auswertungen zur *durchschnittlichen Beschäftigungsdauer* in Zeitarbeitsverhältnissen, da diese nicht ermittelt werden können. Die Basis der Beschäftigungsstatistik ist das Meldeverfahren der Sozialversicherung. Hierbei müssen Arbeitgeber an die Träger der Sozialversicherung Meldungen über die in ihren Betrieben beschäftigten Mitarbeiter, wie beispielsweise die Anmeldung einer Beschäftigung, erstatten. Daten über die Dauer der Beschäftigung lassen sich hierüber jedoch nicht herausfiltern.

Dagegen ist es der Bundesagentur für Arbeit grundsätzlich möglich, die Anzahl der Personen zu bestimmen, die *aufstockend SGB II–Leistungen* erhalten, jedoch nicht in der gewünschten Gliederungstiefe von mindestens drei Monaten und in den erbetenen Arbeitszeitstaffelungen. Eine Auswertung über die Anzahl der erwerbstätigen Arbeitslosengeld II-Bezieher, also der Aufstocker, konnte ermittelt werden. Zum Stichtag im Juni 2011 waren in dem untersuchten Landkreis 487 Personen erwerbstätig und zusätzlich auf Leistungen aus dem SGB II angewiesen. Davon arbeiteten 135 Personen in Vollzeit. Das entspricht einem Anteil von 27,7%. 47 Personen waren in einem Zeitarbeitsverhältnis beschäftigt und erhielten aufstockende SGB II–Leistungen. Von diesen arbeiteten 41 Personen in Vollzeit, was einem Anteil von 87,2% entspricht. Im Ergebnis ist also der Anteil von Leiharbeitnehmern unter allen Aufstockern insgesamt mit 9,7 % nicht sehr prägnant. Bei den Aufstockern, die in Vollzeit beschäftigt sind, ist dieser Anteil mit 30,4% höher.

Eine Berechnung der Personengruppe unter allen Beschäftigten in der Zeitarbeitsbranche, die in Vollzeit als Leiharbeitnehmer arbeiten und zusätzlich auf SGB II–Leistungen angewiesen sind, ist nicht möglich, da wie schon angesprochen, bei den Statistiken der Bundesagentur das Stammpersonal der Zeitarbeitsunternehmen inbegriffen ist.

Zwischenfazit

Insgesamt weisen die von der Bundesagentur für Arbeit zur Verfügung gestellten Daten nicht die gewünschte Tiefe auf und sind außerdem im Hinblick auf das hier im Vordergrund stehende Forschungsanliegen mit einigen Unschärfen behaftet. Sie besitzen daher eine nur eingeschränkte Aussagekraft. Es bestätigt sich die Erfahrung, wie schwierig es für die Träger der Grundsicherung ist, an verwertbare und aussagekräftige Daten in diesem Segment zu gelangen. Es konnte weder in Erfahrung gebracht werden, wie hoch der Anteil an Integrationen in Zeitarbeitsverhältnisse ist, noch wie effektiv bzw. nachhaltig diese arbeiten (Beschäftigungsdauer). Für die vorliegende Arbeit kann lediglich festgehalten werden, dass sich die Arbeitnehmerüberlassung in der Untersuchungsregion weitestgehend kongruent zur Arbeitnehmerüberlassung auf Bundesebene entwickelt hat. Dies erlaubt den Schluss, dass sich die Situation im Bundesgebiet als Richtwert für den Untersuchungs-Landkreis eignet.

2.3 Interviewstudie mit Experten

Wie bereits angedeutet, wurde zur empirischen Beantwortung der Forschungsfragen die Methode des Experteninterviews gewählt. Dieser qualitative Zugang wird im Folgenden zunächst dargestellt und dessen Wahl begründet. Im Fokus steht anschließend das zugrunde gelegte Untersuchungsdesign, d.h. Erläuterungen zu den Untersuchungsfragen, Angaben zur Expertenstichprobe sowie die Vorstellung des Erhebungsinstruments. Damit das Vorgehen im Einzelnen transparent wird, finden sich in diesem Abschnitt außerdem Hinweise zur Durchführung der Studie und Erklärungen über die einzelnen Schritte der Auswertung des Interviewmaterials.

2.3.1 Methodischer Zugang

Qualitative Sozialforschung

In der qualitativen Sozialforschung werden subjektive Sichtweisen, Deutungsmuster oder Denkschemata der handelnden Akteure erfasst und beschrieben, um ein besseres Verständnis der sozialen Wirklichkeit zu erlangen. Qualitative Erhebungen sind daher nicht von starr definierten Begriffen und Konzepten geleitet, sondern im Vordergrund stehen Prinzipien wie die Kommunikation und die Offenheit.[104] Auch bei der Methode des qualitativen Interviews sollen die Befragten „zu verbalen Informationen veranlasst werden",[105] um deren individuelle Wahrnehmung über den Forschungsgegenstand zu erfahren.

In ihren Zugangsweisen ist die qualitative Sozialforschung insgesamt offener als die quantitative und dadurch näher an der sozialen Realität. Sie eignet sich daher für Forschungsfragen, die noch wenig untersucht wurden und zu denen nur ein begrenztes Vorwissen vorhanden ist. Ihr Ziel besteht also nicht in repräsentativen Befunden, sondern darin, ein konkretes und plastisches Bild zu einer Thematik zu erhalten.[106]

Arbeitsmarktforscher sowie Wirtschafts- und Politikwissenschaften haben bis dato zum Thema Zeitarbeit empirisch fundierte Quantifizierungen vorgelegt. Jährlich werden von diesen neue, auch repräsentative, statistische Daten berichtet, die allerdings von ihrer Anlage her auf spezifische Fragestellungen beschränkt bleiben. Die Gründe für die Entscheidung, in der vorliegenden Arbeit ein qualitatives Design zu wählen, liegen in der Absicht, die jeweils subjektiven Sichtweisen und Wahrnehmungen über Zeitarbeit zu eruieren. Bisher unbekannte Sachverhalte können dadurch entdeckt und insgesamt ein tieferer Informationsgehalt erreicht werden.

Experteninterview

In der qualitativen Forschung gilt das Experteninterview als gängiges Instrument zur Erhebung des Fachwissens relevanter Akteure. Nach Scheuch sind Experteninterviews all jene mündlichen Befragungen, die weder standardisiert noch quantitativ auswertbar sind.[107] Es handelt sich also um Tiefeninterviews, die mit Hilfe eines Leitfadens erhoben werden. Dabei ist im Unterschied zu anderen Interviewformen

---

104 vgl.: Hoffmann-Riem, C.: Die Sozialforschung einer interpretativen Soziologie – der Datengewinn. In: Kölner Zeitschrift für Soziologie und Sozialpsychologie, Jg. 32; Heft 2; 1980. S. 339-372
105 Diekmann, A..: Empirische Sozialforschung. Grundlagen, Methoden, Anwendungen. 11. Auflage. Hamburg: Reinbek 2004, S. 375
106 vgl.: Ludwig, U.: a. a. O., S. 44.
107 vgl.: Scheuch, E.: Das Interview in der Sozialforschung. In: König, R. (Hrsg.), Handbuch der empirischen Sozialforschung, Band 1, 3. Auflage. Stuttgart: Thieme 1974, S.136-196

nicht die Person, sondern der institutionelle und organisatorische Zusammenhang Gegenstand der Analyse. Die Akteure stellen somit lediglich einen von mehreren Faktoren dar.[108] Vorteile des Experteninterviews liegen in einer vergleichsweise dichten und schnellen Datengewinnung, da Experten stellvertretend für eine Vielzahl relevanter Akteure stehen.[109]

Der Begriff des Experten ist naturgemäß relativ. Ob jemand als ein solcher gilt oder nicht, ist abhängig vom jeweiligen Forschungsinteresse und wird letztendlich vom Forschenden selbst bestimmt.[110] Nach Meuser und Nagel „wird als Experte angesprochen,

- wer in irgendeiner Weise Verantwortung trägt für den Entwurf, die Implementierung oder die Kontrolle einer Problemlösung oder
- wer über einen privilegierten Zugang zu Informationen über Personengruppen oder Entscheidungsprozesse verfügt."[111]

Experteninterviews lassen sich nach ihrer Funktion in zwei Gruppen unterscheiden. Nehmen sie im Forschungsdesign eine nur marginale Position ein, so dienen sie lediglich zur ergänzenden Information und fungieren explorativ-felderschließend. Wird, wie in der vorliegenden Arbeit, dem Experteninterview dagegen eine zentrale Funktion zugeordnet, ergeben sich zwei Untersuchungsanlagen. Zum einen können die Experten Teil der Zielgruppe sein und Auskunft über ihr eigenes Handlungsfeld (z. B. Beruf) geben. Zum anderen können sie eine zur Zielgruppe komplementäre Handlungseinheit darstellen, wobei die Interviews dann Informationen über die Kontextabhängigkeit des Handelns liefern.[112]

Die Verwendung der Methode des Experteninterviews bietet sich in der vorliegenden Thematik an, da der institutionelle und organisatorische Kontext von Zeitarbeit und Arbeitslosigkeit erschlossen werden soll. Die befragten Personen sind Experten ihres Gebietes und jedes Interview trägt seinen Teil zur Vergrößerung der Wissensbestände und Erfahrungen bei.

---

108 vgl.: Meuser, M. / Nagel, U.: ExpertInneninterviews – vielfach erprobt, wenig bedacht – ein Beitrag zur qualitativen Methodendiskussion. In: Bogner, A. / Littig, B. / Menz, W. (Hrsg.): Das Experteninterview – Theorie, Methode, Anwendung; 2. Auflage. Wiesbaden: Verlag für Sozialwissenschaften 2005. S. 72
109 vgl.: Bogner, A. / Littig, B. / Menz, W. (Hrsg.): Das Experteninterview – Theorie, Methode, Anwendung; 2. Auflage. Wiesbaden: Verlag für Sozialwissenschaften 2005; S. 7f
110 vgl.: Meuser, M. / Nagel, U.: a. a. O., S. 71-74
111 ebd., S. 73
112 vgl.: ebd., S. 75ff

2.3.2 Forschungsdesign

Im politischen und wirtschaftlichen Rahmen wird Zeitarbeit als Beschäftigungschance für arbeitslose Menschen gewürdigt. Diese Erwartung ist in der aktuellen Fachdebatte umstritten. Die zentrale Fragestellung der Interviewstudie lautet daher: Ist Zeitarbeit eine Chance für arbeitslose Menschen? Diese Kernfragestellung wird aus Gründen der unterschiedlichen Wahrnehmungs- und Interpretationsmöglichkeiten des Konstrukts Chance in die vier schon angeführten Teilfragen differenziert.

Als Experten dienen jeweils zwei Vertreter von Entleihbetrieben, Personaldienstleistungsunternehmen, dem beschäftigungsorientierten Fallmanagement eines Jobcenters und schließlich zwei Leistungsempfänger nach dem SGB II (Bezieher von Arbeitslosengeld II). Alle Experten stammen aus einem Landkreis im Süden Deutschlands, der als Optionskommune Langzeitarbeitslose in Eigenregie betreut. Alle Interviews fanden in einem Zeitfenster von einem Monat statt.

Die Auswertung erfolgt nach dem Vorschlag von Meuser und Nagel.[113] Zunächst wurden die Interviews transkribiert, paraphrasiert, in Überschriften unterteilt, thematisch verglichen, soziologisch konzeptualisiert und abschließend theoretisch generalisiert.

Abbildung 10 gibt eine Übersicht zu den Forschungsfragen und dem methodischen Vorgehen.

---

113 vgl.: Meuser, M. / Nagel, U.: a. a. O., S. 71 ff.

Abb. 10: Methodisches Vorgehen

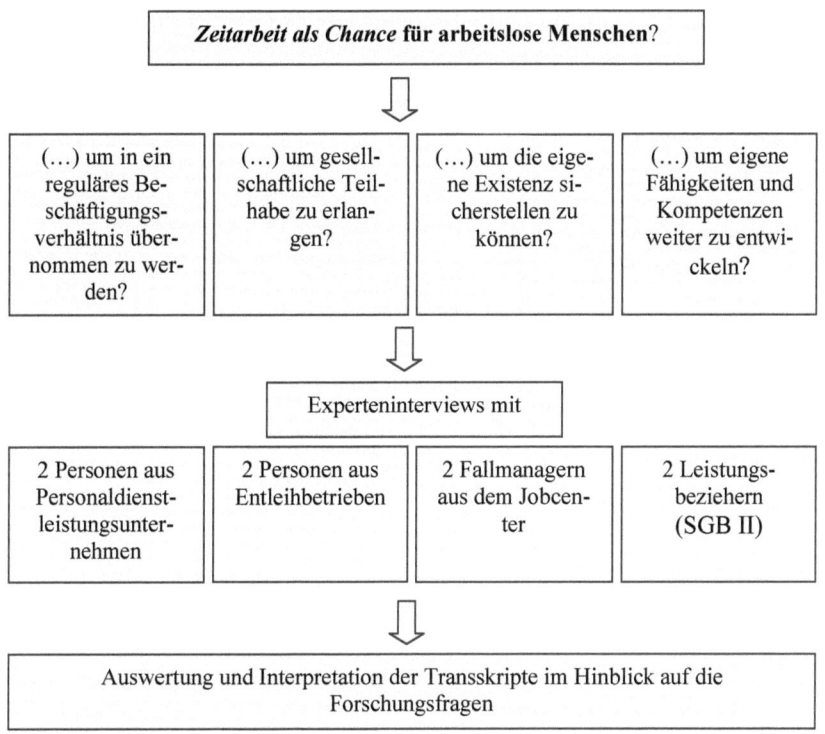

2.3.2.1 Interviewleitfaden

Der Leitfaden für die Interviews wurde zum einen aus den theoretischen Annahmen zur Arbeitslosigkeit und zur Zeitarbeit und zum anderen in Anlehnung an eine Studie von Ludwig[114] erstellt. Er bildet den Rahmen für die Experteninterviews. Je nach der beruflichen Herkunft der befragten Experten variieren seine Inhalte, und die Schwerpunkte des Interviews sind entsprechend flexibel gesetzt.[115] Da es sich

---

114 vgl.: Ludwig, U.: a. a. O., S. 69-71
115 vgl.: Leitner, A. / Wroblewski, A.: Zwischen Wissenschaftlichkeitsstandards und Effizienzansprüchen – ExpertInneninterviews in der Praxis der Arbeitsmarktevaluation. In: Bogner, A. / Littig, B. / Menz, W. (Hrsg.): Das Experteninterview – Theorie, Methode, Anwendung; 2. Auflage. Wiesbaden: Verlag für Sozialwissenschaften 2005. S. 250

um ein offenes Interview handelt, enthält der Leitfaden grundsätzlich die Möglichkeit, auch Fragen aus dem Gesprächsverlauf heraus zu stellen.

Für die Experten aus den Entleihbetrieben, Zeitarbeitsunternehmen und für die Fallmanager sind die Leitfäden in die oben genannten zwei Themenbereiche unterteilt (Zeitarbeit und Arbeitslosigkeit). Dabei werden die im Theorieteil dieser Arbeit angeführten Annahmen und statistischen Informationen nicht direkt abgefragt, sondern die Fragen sind durchgehend offen formuliert.[116] Der erste Teil des Interviewleitfadens betrifft grundsätzliche Fragen zur Zeitarbeit sowie deren Vorteile und Spannungsfelder. Hier sind je nach Expertengruppe auch firmeninterne Daten wie zum Beispiel der Anteil an Leiharbeitnehmern im Unternehmen unter allen Beschäftigten angefragt. Der zweite Themenbereich bezieht sich auf das Thema Arbeitslosigkeit. Die Befragten werden gebeten, ihre bisherigen Erfahrungen zur Arbeitslosigkeit anzuführen und Unterschiede von Arbeitslosigkeit und Langzeitarbeitslosigkeit im Hinblick auf das Thema Zeitarbeit zu formulieren.

Der Leitfaden für die Leistungsempfänger enthält im Unterschied bzw. in Ergänzung dazu persönliche Erfahrungen zur Beschäftigungsform Zeitarbeit und Fragen nach dem eigenen Integrationsempfinden. In allen vier Leitfäden sind die zentralen Forschungsfragen direkt aufgegriffen.[117] Die vollständigen Leitfäden sind dem Anhang beigelegt.

2.3.2.2 Auswahl der Interviewpartner

Bei der Auswahl der Experten wurde Leitner und Wroblewski folgend darauf geachtet, „dass möglichst alle Akteursebenen berücksichtigt werden".[118]

Vertreter aus *Entleihbetrieben* wurden ausgewählt, da diese als Nachfrager und Nutzer der Zeitarbeit agieren. Entleihbetriebe besitzen zudem eine besondere Funktion, da sie die potentiell zukünftigen Arbeitgeber des Leiharbeitnehmers darstellen. Beide ausgewählten Experten sind in namhaften Entleihbetrieben des untersuchten Landkreises tätig, die eine Betriebsgröße zwischen 1500 und 4500 Mitarbeitern aufweisen. Die betroffenen Entleihbetriebe sind völlig unterschiedlichen Branchen zugehörig. In diesen Betrieben sind beide Interviewpartner als Mitglied bzw. als Vorsitzender im Betriebsrat tätig. Mit diesen Funktionen besitzen sie aufgrund ihrer betrieblichen Sonderstellung die notwendige Unabhängigkeit und Offenheit. Zudem verfügen sie über Entscheidungskompetenzen und über ein umfassendes Betriebswissen.

Weitere Akteure sind die *Personaldienstleistungsunternehmen* als Arbeitgeber der Leiharbeitnehmer. Sie rekrutieren Personal für Entleihunternehmen und organisieren die Einsätze. Um den Kontext der Zeitarbeitsunternehmen beurteilen zu kön-

---

116 vgl.: Ludwig, U.: a. a. O., S. 48
117 vgl.: ebd.
118 Leitner, A. / Wroblewski, A.: a. a. O., S. 249

nen, wurden zwei Mitarbeiter aus diesen Unternehmen befragt. Es handelt sich hierbei einerseits um einen der weltweit größten Personaldienstleister, der seit mehreren Jahrzehnten in Deutschland existiert und demnach eine langjährige Branchenerfahrung mitbringt. Für das Experteninterview wurde ein Vertreter aus dem Management der Niederlassung dieses Unternehmens in der Untersuchungsregion ausgewählt. Bei dem zweiten Personaldienstleistungsunternehmen handelt es sich um einen recht jungen, regionalen Betrieb. Die befragte Person ist als Projektleitung am internen Management beteiligt. Beide Unternehmen weisen einen ausgeprägten regionalen Bezug auf und pflegen eine gute Zusammenarbeit mit dem örtlichen Jobcenter.

Während des Leistungsbezuges werden Arbeitslosengeld II-Empfänger von einem *Fallmanager* betreut, der primär für die Eingliederung in den ersten Arbeitsmarkt zuständig ist. Dieser ist somit ebenfalls ein wichtiger Akteur für das einschlägige Thema. Für das Interview wurde bewusst ein Fallmanager mit hohem Erfahrungswert und ein Berufseinsteiger, der jedoch Berufserfahrung als Personaldisponent bei einem ortsansässigen Personaldienstleistungsunternehmen besitzt, befragt. Beide Personen verfügen demnach über fachliche Kompetenz und notwendiges Wissen über die Kontextbedingungen, indem sie Teil des Handlungsfeldes sind.

Die vierte Befragungseinheit betrifft die Zielgruppe selbst. Dabei handelt es sich um zwei Personen, die vom regionalen Jobcenter Arbeitslosengeld II beziehen. Beide Befragten haben mehrmals eine Zeitarbeitsbeschäftigung ausgeübt und beide waren in der Vergangenheit auch schon in regulären Arbeitsverhältnissen beschäftigt. Obwohl nicht davon ausgegangen werden kann, dass sie über Fachwissen zur Thematik verfügen, ist eine Einbeziehung dieser Zielgruppe forschungsmethodisch unumgänglich. Ihre subjektive Wahrnehmung als Leiharbeitnehmer zusammen mit einem Erfahrungshintergrund über Phasen von eigener Arbeitslosigkeit ist für die vorliegende Fragestellung von großem Interesse. Sie sind insofern Experten ihres eigenen Lebens und hier notwendigerweise zu berücksichtigende Akteure.

Insgesamt wurde darauf geachtet, dass ein möglichst ausgeglichenes Geschlechterverhältnis unter den Experten hergestellt ist. Mit Ausnahme der Experten aus den Entleihbetrieben sind jeweils eine Expertin und ein Experte interviewt worden.

2.3.2.3 Durchführung und Auswertung

Die erste Kontaktaufnahme mit den Experten erfolgte telefonisch oder schriftlich. Den Befragten wurde das Forschungsinteresse und das Thema der Arbeit erläutert und eine Terminierung vorgenommen. Die Interviews wurden dann mehrheitlich an der Arbeitsstelle der Experten durchgeführt und dauerten im Schnitt 45 Minuten. Die Interviewpartner hatten die Möglichkeit, sich mit Hilfe eines vorab ausgehändigten Leitfadens auf diejenigen Fragen, die konkrete Daten oder Fakten betreffen, vorzubereiten. Alle Interviews wurden auf einen Tonträger aufgezeichnet.

Das übergreifende Ziel der Auswertung besteht darin, überindividuell-Gemeinsames aus den Expertenaussagen heraus zu filtern. Dabei handelt es sich vor allem um Aussagen über Repräsentatives, über gemeinsame Wissensbestände, Interpretationen oder Deutungsmuster. Mit Hilfe eines thematischen Vergleichs können Gemeinsamkeiten und Unterschiede in den Denkweisen der Experten festgestellt werden. Für diese Auswertungsstrategie liefern Meuser und Nagel einen Modellvorschlag.[119] Dieser orientiert sich für leitfadengestützte Experteninterviews, - im Gegensatz zu einzelfallinteressierten Interpretationen - „an thematischen Einheiten, an inhaltlich zusammengehörigen, über die Texte verstreuten Passagen – nicht an der Sequenzierung von Äußerungen je Interview".[120] Die Vergleichbarkeit der hier vorliegenden Expertenbefragung ist zum einen durch die Verwendung des Leitfadens[121] und zum anderen dadurch, dass alle Befragten im institutionell-organisatorischen Kontext angesiedelt sind, gegeben. Das Interviewmaterial wurde im Einzelnen in folgender Abfolge analysiert:

Transkription

Zunächst erfolgte eine wörtliche Abschrift der Tonbandaufzeichnungen. Da es sich bei den Experteninterviews um gemeinsam geteiltes Wissen handelt und nonverbale parasprachliche Elemente nicht zum Gegenstand der Interpretation benutzt wurden, konnte auf die Verwendung von Notationssystemen verzichtet werden. Anschließend wurden Floskeln und Verzögerungslaute, wie ´ähm´ entfernt, der Dialekt in Schriftdeutsch übertragen und Satzbaufehler behoben. Dies führte jedoch zu keiner Veränderung des Inhalts.[122]

Codenamen für die Interviews gewährleisteten die Anonymität. Entsprechend des jeweiligen Arbeitsfeldes und einer außerdem vergebenen Interviewnummer lautet die Codierung für

- die Betriebsratsmitglieder „Betrieb1_Interview1 und Betrieb2_Interview2",
- die Mitarbeiter der Zeitarbeitsunternehmen „Zeitarbeit1_Interview3 und Zeitarbeit2_Interview4",
- die Fallmanager des Jobcenter „Fallmanager1_Interview7 und Fallmanager2_Interview8" und
- die Arbeitslosengeld II–Leistungsempfänger „Kunde1_Interview5 und Kunde2_Interview6.

---

119 vgl.: Meuser, M. / Nagel, U.: a. a. O., S. 80-83
120 ebd., S. 81
121 vgl.: ebd., S. 81ff
122 vgl.: Mayring, P.: Qualitative Inhaltsanalyse. Grundlagen und Techniken; 8. Auflage. Weinheim: Beltz 2003. S. 91

Paraphrase

Es folgte eine Paraphrasierung der Expertenaussagen. Diese veränderte aber weder den chronologischen Gesprächsverlauf noch führte sie zu einer Selektion der geäußerten Meinungen, Urteile und Deutungen. Somit kann gewährleistet werden, dass Gesagtes nicht unterschlagen oder verzerrt wiedergegeben wird.[123]

Überschriften

Die paraphrasierten Textabschnitte wurden sodann mit einem oder mehreren thematischen Überschriften versehen und Passagen, die identischen oder ähnlichen Inhalt haben, zusammengefügt. Die Überschriften orientieren sich an den zentralen Fragestellungen der Leitfäden.

Thematischer Vergleich

Die übergreifende Bearbeitung der Interviews erfolgte wie bei der vorausgegangenen Bildung von Überschriften. Allerdings wurde nach thematisch vergleichbaren Textteilen, das heißt ähnlichen oder identischen Abschnitten, aus verschiedenen Interviews Ausschau gehalten. Da eine Fülle von Daten zu verdichten war, mussten die Zuordnungen regelmäßig überprüft werden.[124] Hierfür konnte eine Liste mit Kategorien von allen acht Interviews und insgesamt 22 thematischen Überschriften erstellt werden. Die entsprechenden Inhalte aus der Paraphrasierung wurden in die passende Kategorie eingefügt und miteinander verglichen. Über die Ergebnisse dieses thematischen Vergleichs wird in Abschnitt 2.4.1 berichtet.

Soziologische Konzeptualisierung

Die Gemeinsamkeiten der unterschiedlichen Interviews wurden schließlich, losgelöst von den Interviewtexten, unter Verwendung einer sozialwissenschaftlichen Terminologie in übergreifende Kategorien eingefügt, die auf theoretische Wissensbestände rekurrieren. Die Verallgemeinerbarkeit dieser Konzeptualisierung beschränkt sich naturgemäß auf das vorliegende Material.[125]

Theoretische Generalisierung

Die letzte Stufe der Analyse betraf die Interpretation der so aufbereiteten Aussagen auf der Basis sozialwissenschaftlicher Theorien. Aus den Sinnzusammenhängen wurden Deutungen der empirisch generalisierten Wissensbestände formuliert. Schließlich wurden die theoretischen Erkenntnisse mit den empirischen Befunden

---

123 vgl.: Meuser, M. / Nagel, U.: a. a. O., S. 83f
124 vgl.: ebd. S. 87f
125 vgl.: ebd., S. 88f

konfrontiert und im Ergebnis resultierte eine der drei folgenden Möglichkeiten: die empirischen Erkenntnisse waren inadäquat, sie konnten widerlegt oder verifiziert werden.[126] Das Resultat dieser Analyse findet sich in Kapitel 2.4.2.

2.4 Ergebnisdarstellung

Die Darstellung der Ergebnisse orientiert sich an den oben angeführten Schrittfolgen. Zunächst werden die wesentlichen Gemeinsamkeiten und wichtigen Unterschiede der Expertenaussagen zur Zeitarbeit und Arbeitslosigkeit aufgezeigt (Thematischer Vergleich). Im Anschluss daran erfolgt eine Diskussion der Befunde im Hinblick auf die zentralen Forschungsfragen (Konzeptualisierung und theoretische Generalisierung). Das Kapitel endet mit einem abschließenden Fazit.

2.4.1 Thematischer Vergleich

2.4.1.1 Aussagen zur Zeitarbeit

Ob nun Zeitarbeit ein geeignetes Instrument zur Eingliederung Arbeitsloser ist, bewerten die befragten Experten unterschiedlich. Für eine eindeutige Verneinung votieren ein Experte der beteiligten Entleihbetriebe und ein Befragter der Zeitarbeitsunternehmen.

„Glaube ich nicht, weil ich denke, für so etwas gibt es andere Instrumente"[127]

Beide Interviewpartner kritisieren die Zeitarbeit auch dahingehend, dass sie arbeitslose Menschen verunsichere und diesen in der Mehrheit keine Zukunftsperspektiven vermitteln könne. Entleihbetriebe würden sehr hohe Anforderungen an die Leistungsbereitschaft und Flexibilität der Leiharbeitnehmer stellen, denen diese nicht gewachsen wären, wodurch sich Frustration und Resignation einstelle.

Die restlichen sechs Experten sehen in der Zeitarbeit ein geeignetes Instrument zur beruflichen Integration.

„Weil wir (...) die Brücke zwischen den Arbeitslosen und den Kunden sind."[128]

---

126 vgl.: ebd., S. 89ff
127 Interview1_Betrieb1; Zeile 28f
128 Interview3_Zeitarbeit1; Zeile 16f

Zeitarbeit würde arbeitslosen Menschen eine Chance offerieren, die ihnen Betriebe auf dem regulären Arbeitsmarkt nicht gegeben hätten. Zeitarbeitsunternehmen würden den Entleihbetrieben die arbeitslosen Menschen besser ´verkaufen´. Überdies würde das geringere Risiko einer Zeitarbeits- im Vergleich zu einer regulären Beschäftigung für den Entleihbetrieb die Hemmschwelle für eine berufliche Anstellung senken.

„Der weitere Vorteil ist, dass die Kunden, das heißt die Firmen, sich ja nicht so binden müssen. (…) wenn sich das bewahrheitet, dass er [der Leiharbeitnehmer] nicht zuverlässig ist oder nicht gut arbeitet, kann er ihn recht kurzfristig abmelden, ohne irgendwelche Verpflichtungen. Und das macht es auch den Unternehmen leichter."[129]

Gegenüber dieser Uneinigkeit unter den Experten besteht Einstimmigkeit darüber, dass im Grundsatz Zeitarbeit eine Beschäftigungschance für arbeitslose Menschen darstellt. Diese könnten relativ zügig in ein Zeitarbeitsverhältnis integriert werden. Deutlich wird dies auch an den Angaben der Experten über den Anteil derjenigen Bewerber bei Zeitarbeitsfirmen, die zu diesem Zeitpunkt noch keiner sozialversicherungspflichtigen Beschäftigung nachgehen.

„97 Prozent. Die anderen bewerben sich ja aus dem Job raus. Na gut, wenn Zeitarbeit zu Zeitarbeit auch dabei ist, dann sind es 90. Aber sonst sind alle arbeitslos."[130]

Dennoch sehen sie übereinstimmend die Zeitarbeit nur als Überbrückung oder als ein Sprungbrett auf dem Weg in den regulären Arbeitsmarkt. Für die meisten Menschen sei sie nur Plan B oder C, aber nicht das eigentlich gewünschte Ziel. Vermutlich hängt diese Einschätzung auch mit der mangelnden Nachhaltigkeit von Zeitarbeit zusammen. Denn die Befragten sind sich darin einig, dass Zeitarbeitsverhältnisse generell kein langes Bestehen haben, auch wenn von jenen die durchschnittliche Beschäftigungsdauer unterschiedlich von 2-3, 6 bis ca. 12-24 Monaten geschätzt wird.

Generell wird die Wahrscheinlichkeit einer Übernahme der Zeitarbeiter in den Entleihbetrieb von dessen konjunkturellen Situation abhängig gemacht. Unterschiedliche Angaben seitens der Experten ergeben sich allerdings in der Beurteilung der durchschnittlichen Quote. Während die Experten der Zeitarbeitsunternehmen einen Anteil unter den übernommenen Zeitarbeitern von weniger als 10% bzw. von 30% nennen, deutet beispielsweise der Befragte aus dem Jobcenter an, dass Übernahmen bei qualifizierten Kräften deutlich häufiger vorkommen. Dem-

---

129 Interview3_Zeitarbeit1; Zeile 29-37
130 Interview4_Zeitarbeit2; Zeile 144f

nach werden die Übernahmechancen für Geringqualifizierte erheblich geringer als bei ausgebildeten Fachkräften beurteilt.

Bei der Frage über die Gründe des schlechten Images der Zeitarbeitsbranche liefern die Experten weitestgehend identische Antworten. Die Ursachen für das schlechte Ansehen sieht die Hälfte der Befragten in 'schwarzen Schafen' unter den Unternehmen, die ihre Mitarbeiter finanziell ausbeuten. Außerdem führen sie rasche Kündigungen sowie die schlechtere Behandlung in den Entleihbetrieben im Vergleich zu dem Stammpersonal an.

Unterschiedliche Vermutungen werden von den Experten darüber angeführt, warum Zeitarbeit für Entleihbetriebe so attraktiv ist. Für einen der Befragten der Gruppe der Betriebe und einen Experten der Zeitarbeitsunternehmen ist das Argument der Flexibilität nur vorgeschoben.

> „Und ein ganz großes Argument, das unterstelle ich den Unternehmen, ist, dass sie Geld sparen wollen. Weil sonst könnten sie ja sagen, ich hab die Flexibilität, aber ich zahle den gleichen Preis. Tun sie aber nicht."[131]

Ihrer Meinung nach werden die Kosten durch Zeitarbeit nicht nur besser kalkulierbar, sondern können auch relativ schnell gesenkt werden. Dennoch stellen jene auch fest, dass ein Vorteil der Zeitarbeit für die Entleihbetriebe darin bestehe, dass durch sie Auftragsspitzen abgefangen und kurzfristige Arbeiten ausgeführt werden können. Dies war neben der Hoffnung auf eine reguläre Beschäftigung arbeitsloser Menschen eine der zentralen politischen Motivationen, das Instrument zu implementieren.

Die Nachteile der Beschäftigten in einem Zeitarbeitsverhältnis werden von den Interviewpartnern einstimmig beschrieben. Alle führen zunächst die ungünstige Lohnsituation an.

> „Die Nachteile, klar, bekannte. Das Geld, in Teilen, also nicht immer. Im gewerblichen Helferbereich auf jeden Fall. Die Zeit, die man investieren muss, um an Arbeit zu kommen. Die ist bei gewerblichen Helfern einfach größer und der niedrige Verdienst."[132]

Daneben werden von den Befragten die soziale Ausgrenzung und Ungleichbehandlung im Entleihbetrieb gegenüber dem Stammpersonal, nicht ausreichender Kündigungsschutz und die wechselnden Arbeitseinsätze genannt. Vorteile der Leiharbeit sehen die Interviewpartner dagegen in der Möglichkeit, Erfahrungen für die berufliche Zukunft sammeln zu können, wobei sie vermuten, dass dieser Vorzug nur für die schon als Fachkraft qualifizierten Leiharbeiter wirksam wird. Auch der Einstieg

---

131 Interview1_Betrieb1; Zeile 91ff
132 Interview4_Zeitarbeit2; Zeile 62ff

ins Arbeitsleben für arbeitslose Menschen, sei ein Vorteil, wenn dieser denn eintrete. Leiharbeitnehmer könnten

„einen Fuß in eine große Firma bringen".[133]

Auf die Frage nach der sozialen Integration im Entleihbetrieb werden von den Experten mehrere und unter jenen divergierende Aspekte angesprochen. Auffallend ist dabei die Ausprägung der Unterschiedlichkeit der Einzelmeinungen. So ist der eine Experte der Zeitarbeitsunternehmen der Überzeugung, dass die Integration vom ersten Tag an stattfindet, während der andere Befragte der Zeitarbeitsunternehmen die Möglichkeit einer sozialen Integration infolge des häufigen Einsatzwechsels gänzlich in Frage stellt. Eine differenzierte Ansicht findet sich bei den restlichen Befragten.

„Also ich sage mal, je höher der Grad der Gleichstellung, also des Equal-Equipment und Equal-Pay, desto höher ist der Grad der Integration."[134]

Sie sind sich darüber einig, dass Leiharbeitnehmer während ihrer Beschäftigung in der Zeitarbeit partiell integriert werden, eine vollständige Integration und Teilhabe jedoch nur im Falle einer Übernahme des Zeitarbeiters in ein reguläres Beschäftigungsverhältnis möglich wird. Als Grundvoraussetzungen für eine soziale Integration in den Entleihbetrieb sehen die Befragten die Gleichbehandlung der Leiharbeitnehmer hinsichtlich der Entlohnung und der Arbeitsbedingungen als solches.

„Ich sage mal, sehr, sehr wichtig ist, dass der Mitarbeiter alle die gleichen Rechte und Pflichten hat wie der normale Mitarbeiter."[135]

Die überwiegende Mehrheit der Interviewpartner glaubt, dass Stammarbeitsplätze durch Zeitarbeit verdrängt werden können. Als Begründung führen sie an, dass ein Stammmitarbeiter häufig über einen Leiharbeitnehmer nachbesetzt werde. Diese Praxis wird ihrer Meinung nach möglich, da Leiharbeitnehmer von Gesetzes wegen in unbefristeter Dauer im Entleihbetrieb eingesetzt werden dürfen. Andererseits wird angeführt, dass Zeitarbeit mit einem Anteil von insgesamt 3% unter allen sozialversicherungspflichtigen Beschäftigten zu wenig verbreitet wäre, um Stammpersonal letztendlich verdrängen zu können.

Generell sind sich alle Experten darin einig, dass in der Zeitarbeitsbranche die Wahrscheinlichkeit einer Ausnutzung von Leiharbeitnehmern nicht zu unterschätzen sei.

---

133 Interview7_Fallmanager1; Zeile 71f
134 Interview1_Betrieb1; Zeile 140f
135 Interview3_Zeitarbeit1; Zeile 119f

„Wenn jemand einen Zustand verändern will, um, sagen wir mal, billiger wegzukommen, [und] um sich Vorteile zu verschaffen, dann nutzt er ganz klar aus. Das geschieht."[136]

Dies betrifft vor allem die Unterschiede in der Entlohnung und die damit einhergehende Möglichkeit des Entleihbetriebs Kosten einzusparen oder Ersparnisse im Unternehmen zu generieren. Daneben führen die Befragten auch die Arbeitsaufgaben an, die dem Leiharbeitnehmer übertragen werden.

„Aber manche haben auch schon gesagt, in dem Moment, wo jetzt der Leiharbeiter da ist, setzen wir den halt für minderwertige Arbeiten ein."[137]

Dieser Wahrnehmung von außen entspricht auch das subjektive Gefühl der Betroffenen, wie die folgende Aussage eines der beiden befragten Arbeitslosen verdeutlicht.

„Das war wie Sklaventreiberei."[138]

2.4.1.2 Aussagen zur Arbeitslosigkeit

Alle Befragten sind der Überzeugung, dass die Dauer der Arbeitslosigkeit großen Einfluss auf die Vermittelbarkeit der Betroffenen und auch auf die Erfolgswahrscheinlichkeit des Instruments Zeitarbeit hat. Als Begründungen werden angeführt: der zunehmende Verlust der für den Beruf notwendigen Fähigkeiten (Wertverlust des Know-How), der Rückgang an Motivation, Einbußen des Selbstvertrauens und der Selbstwirksamkeit, Frustration und Resignation.

„Ja, also ich sage mal, je länger jemand arbeitslos ist, umso schwieriger ist es oft auch denjenigen in Arbeit wieder zu bringen. Klar, jemand der kurz arbeitslos ist, der kommt aus der Arbeitswelt, der weiß, was los ist. Das geht."[139]

Dies führe zu einer Arbeitsmarktferne, die die schwierige berufliche Integration von Langzeitarbeitslosen ausmache. Insgesamt tue sich dieser Personenkreis schwer, wieder ins Arbeitsleben zurückzufinden:

---

136 Interview1_Betrieb1; Zeile 180f
137 Interview6_Kunde2; Zeile 135ff
138 Interview5_Kunde1; Zeile 22
139 Interview3_Zeitarbeit1; Zeile 229ff

„braucht da ein bisschen länger bis sie wieder auf Betriebstemperatur sind."[140]

Mangelnde Qualifikation, häufig vorliegende gesundheitliche Probleme, fehlende Mobilität und eine psychosozial schwierige persönliche Situation würden ihr Übriges beitragen und die Arbeitsaufnahme verhindern.

Die beiden Befragten der Entleihbetriebe ergänzen, dass häufig Vorurteile gegenüber arbeitslosen Menschen herrschen würden, die deren Motivation und Leistungsbereitschaft beträfen. Daraus resultiere, dass die Geschäftsleitung und das Stammpersonal von Entleihbetrieben einen Mehraufwand und Einbußen in der Produktivität des Betriebs befürchten würden. Die beiden Interviewpartner führen weiter an, dass viele Entleihbetriebe feststellten, dass Zeitarbeitnehmer häufig die Grundvoraussetzungen für eine geregelte Beschäftigung nicht mitbrächten.

„Wie gesagt, die Probleme können sein, wieder regelmäßig einer Arbeit nachzugehen, regelmäßig morgens die Leistung zu bringen, die gefordert wird, das könnte ich mir jetzt vorstellen."[141]

Dagegen fordern die Experten der Zeitarbeitsunternehmen und des Jobcenters, dass Entleihbetriebe mehr Einsicht, Feingefühl und Offenheit gegenüber den Leiharbeitnehmern aufbringen sollten.

„Geduld. Ja ist so, also es ist nach einer Woche wieder gut. Und die Arbeitgeber sollten einfach keine Angst haben, wenn ein Jahr fehlt. Oder zwei, oder drei."[142]

„Man darf natürlich nicht gleich frustriert sein. Es gibt natürlich auch Fälle, wo wahrscheinlich nichts mehr möglich ist, man darf aber deswegen nicht auf alle schließen und alle in einen Topf werfen. Also gewisse Vorurteile sollten nicht vorhanden sein und stattdessen eine gewisse Bereitschaft, einfach eine Chance zu geben. Dann denke ich mal, ist schon viel gewonnen."[143]

Alle Experten stimmen darin überein, dass Zeitarbeit nicht für die gesamte Gruppe der (Langzeit-)Arbeitslosen geeignet ist. Bei gesundheitlichen Einschränkungen oder einer Suchtproblematik und auch für Alleinerziehende müssten andere Instrumente gewählt werden.

---

140 Interview4_Zeitarbeit2; Zeile 184f
141 Interview2_Betrieb2; Zeile 202ff
142 Interview4_Zeitarbeit2; Zeile 223ff
143 Interview7_Fallmanager1; Zeile 193-197

> „Sonst gibt es ja ganz unterschiedliche Kriterien, ganz unterschiedliche Situationen, warum Leute überhaupt langzeitarbeitslos sind. Da muss man dann auch immer schauen. Wenn Unfälle oder Krankheiten vorliegen, hat man ja eine ganz andere Aufgabe bei der Integration und Arbeit und diese Leute sind meiner Meinung nach auch nicht für Zeitarbeit geeignet. Weil Zeitarbeit oft da eingesetzt wird, wo man die Stammbelegschaft nicht haben möchte."[144]

Ein Interviewpartner der Betriebe fügt provokativ an, dass vom Grundsatz her der betriebliche Gedanke von Zeitarbeit nicht sei, die Menschen an eine berufliche Tätigkeit heranzuführen.

> „Es ist alles so schnelllebig, alles auf Leistung getrimmt, alles auf Funktionieren getrimmt. Da will keiner mehr die Solidarität oder die Bereitschaft schwindet immer mehr, sich auf so Menschen einzulassen. Warum soll ich mich mit einem rumärgern und Aufwände investieren bis er funktioniert, wenn ich gleich billig einen anderen nehmen kann."[145]

Diese Aussagen lassen auch schon vermuten, welche Anforderungen die Befragten an Zeitarbeitnehmer stellen. Konkret bestehen jene in Übereinstimmung aller Befragten in einer guten Arbeitsmoral, Zuverlässigkeit, Disziplin, Flexibilität und Anpassungsfähigkeit. Überspitzt beschreibt ein Interviewpartner aus einer Zeitarbeitsfirma, den ihm von Betrieben oft geschilderten idealen Zeitarbeiter mit den Worten:

> „einer der alles kann, 30 Jahre alt ist und nichts verdienen will."[146]

Im Hinblick auf die politische Debatte und die derzeit geltenden gesetzlichen Regelungen zur Arbeitnehmerüberlassung geben die Experten der Entleihbetriebe und des Jobcenters an, dass eine klar geregelte Überlassungshöchstdauer und ein kontrollierbares Equal-Pay dringend notwendig seien. Leiharbeitsplätze könnten dann nicht mehr als Dauerarbeitsplätze missbraucht werden, sondern tatsächlich zur Abdeckung von Auftragsspitzen dienen. Außerdem wäre die Chance für Leiharbeitnehmer größer, (nach diesem begrenzten Zeitrahmen) ein reguläres Beschäftigungsverhältnis angeboten zu bekommen. Dagegen weisen die Befragten der Zeitarbeitsunternehmen darauf hin, dass eine solche Änderung eine Gefahr sowohl für die Zukunft ihrer Branche als auch für die der Entleihbetriebe in sich berge.

---

144 Interview4_Zeitarbeit2; Zeile 185-190
145 Interview1_Betrieb1; Zeile 311-315
146 Interview4_Zeitarbeit2; Zeile 197f

„Wenn man das abschafft, dass man sagt, Zeitarbeit wird wieder so reglementiert, wie es früher war, dann müssen sich die Unternehmen einfach was anderes ausdenken. Denn sie brauchen die Flexibilität, sie kommen ohne das gar nicht mehr aus, um in Deutschland wettbewerbsfähig zu bleiben. Dann müssen sie ihre Produktion nach China oder Osteuropa verlagern."[147]

Sie vermuten, dass sich Zeitarbeit infolge einer vollständigen Durchsetzung des Equal-Pay oder einer Aufstockung des Mindestlohns für viele Unternehmen nicht mehr rechne.

Die Zukunft des Instruments Zeitarbeit und der Zeitarbeitsbranche wird von den Befragten unterschiedlich bewertet. Während sich die Experten der Betriebe für zunehmende gesetzliche oder tarifliche Reglementierungen aussprechen,

„und solange das gesetzlich nicht geregelt ist, sind da natürlich Türen und Tore offen."[148]

ist ein Experte der Zeitarbeitsunternehmen der festen Überzeugung, dass die Zeitarbeit sich grundsätzlich neu positionieren wird.

„Also ich glaube so die klassische Zeitarbeit wird zurückgehen. Wenn eben die entsprechenden politischen Weichen gestellt werden. Das heißt, die Zeitarbeit an sich muss sich neu positionieren. Und das macht sie."[149]

Die Experten der Leiharbeitnehmer ziehen aus ihrer Erfahrung folgendes Resümee zum Thema:

„[Zeitarbeit] ist auf jeden Fall einen Versuch wert. Man sollte es ausprobieren. Man sollte nicht sagen, Zeitarbeit, das ist [schlecht], ich will das nicht ausprobieren. Sondern dann kann man immer noch sagen, nein, mir passt das nicht."[150]

„Am liebsten wäre es mir natürlich, wenn ich gleich direkt in ein Arbeitsverhältnis kommen würde. Der Versuch [über Zeitarbeit] ist es auf jeden Fall wert. Es sollte jeder einmal seine Erfahrungen damit selber machen. Ich bin froh gewesen, dass ich Arbeit hatte."[151]

---

147 Interview3_Zeitarbeit1; Zeile 165ff
148 Interview2_Betrieb2; Zeile 226f
149 Interview4_Zeitarbeit2; Zeile 284, 294ff
150 Interview5_Kunde1; Zeile 153f
151 Interview6_Kunde2; Zeile 155ff, 165ff

2.4.2 Konzeptualisierung und theoretische Generalisierung

2.4.2.1 Zeitarbeit als Chance, um in ein reguläres Beschäftigungsverhältnis übernommen zu werden

Die verfügbaren quantitativen Studien zur Übernahmewahrscheinlichkeit von Leiharbeitnehmern in ein reguläres Beschäftigungsverhältnis weisen eine große Spannbreite auf. Die Werte reichen von 4% bis 30% (vgl. Kapitel 2.1.1). Die Schätzungen der in der vorliegenden Untersuchung befragten Experten bewegen sich auf einer Spannbreite von unter 10% bis 30% und entsprechen damit aus einer groben Perspektive den berichteten Befunden. Für diese große Streuung machen die Interviewpartner Merkmale der betroffenen Zeitarbeitnehmergruppen verantwortlich. So gestaltet sich nach deren Meinung die Situation z. B. für Fachkräfte gänzlich anders als für die Gruppe der gewerblichen Helfer.

„Also es [Übernahme] ist oft vorgekommen, aber eher bei qualifizierten Kräften. Also die guten Leute wurden sofort angefragt, ob sie übernommen werden können. Weil, wenn die Firma gute Fachkräfte von der Zeitarbeitsfirma bekommt, sind auch die Preise entsprechend. Und auf längere Zeit ist das für die Firma natürlich günstiger, die Menschen dann bei sich direkt einzustellen. Bei niedrig qualifizierten Leuten sieht das dann ein bisschen anders aus. Aber die guten Leute, die motivierten Leute, die das auch rüber bringen, die haben natürlich auch gute Übernahmechancen."[152]

„Aber so rein theoretisch, wie es ja heißt, die Einstiegschancen über Zeitarbeit sehe ich nicht. Ich habe nur in den qualifizierten Bereichen nach 6 Monaten die Übernahme, aber das sind dann Zerspanungsmechaniker mit CNC-Ausbildung zum Beispiel, die maximal 4 Monate arbeitslos sind. Also es kommt auf den Werdegang darauf an. Ich sage mal, wenn zu große Zeiten der Arbeitslosigkeit sind, dann habe ich nie eine Übernahme."[153]

Insbesondere Langzeitarbeitslose verfügen meist über eine geringere Qualifikation oder bringen gar keine abgeschlossene Berufsausbildung mit, was die Chancen für eine Übernahme in ein reguläres Beschäftigungsverhältnis vermindert. Für kurzfristig arbeitslose Menschen wird seitens der Befragten dagegen die Wahrscheinlichkeit einer abgeschlossenen Ausbildung eher vermutet, und damit auch eine höhere Übernahmequote.

---

152 Interview8_Fallmanager2; Zeile 64-70
153 Interview4_Zeitarbeit2; Zeile 20-25

„Auf Seiten der Arbeitslosen oder Arbeitsuchenden kann es auch, abhängig von der Qualifikation, unter Arbeitslosigkeit ein Einstieg sein. Also das schon. Aber das sehe ich bei wenigen."[154]

Neben diesen personenbezogenen Indikatoren bewerten die Interviewpartner erwartungsgemäß die konjunkturelle Lage des Entleihbetriebs als ein wichtiges Kriterium für die Möglichkeit einer Übernahme.

„Wir sind im Augenblick in der Situation, dass wir eigentlich aufgrund der Auftragssituation und dem konjunkturellen Boom, wir sprechen da von einem Hochlauf, (...) mitunter in den letzten Monaten sehr viele Übernahmen [hatten]."[155]

2.4.2.2 Zeitarbeit als Chance, um gesellschaftliche Teilhabe zu erlangen

Diese Fragestellung orientiert sich stark am subjektiven Empfinden der Betroffenen. Denn stellt sich für arbeitslose Menschen infolge der Zeitarbeitsbeschäftigung das Gefühl der sozialen Integration ein, kann vermutet werden, dass sich auch deren gesellschaftliche Teilhabe im positiven Sinne verändert (hat). Da die hier ausgewählten Interviewpartner mit Ausnahme der beiden befragten Leiarbeitnehmer keine Aussagen über das soziale Integrationsempfinden von Zeitarbeitnehmern treffen können, wurde jenes durch eine Expertenbewertung der betrieblichen Integration operationalisiert. Das Urteil der Interviewpartner über das Ausmaß der sozialen Integration von Zeitarbeitnehmern im Entleihbetrieb wird demnach als Indikator für deren gesellschaftliche Teilhabe gewertet.

Mit Ausnahme eines Befragten aus einem Zeitarbeitsunternehmen sind alle Experten der Meinung, dass für eine soziale Integration in den Entleihbetrieb zumindest eine Gleichbehandlung erforderlich ist.

„Also ich sage mal, je höher der Grad der Gleichstellung, also des Equal-Equipment und Equal-Pay, desto höher ist der Grad der Integration."[156]

Wenn diese nicht gegeben ist, kann das nach Ansicht der Experten dazu führen, dass sich Leiharbeitnehmer geradezu an den Rand der Gesellschaft gedrängt fühlen.

„(...) dort im Lager, das war die reinste Schikane, da bist du morgens um 6 Uhr hin und abends irgendwann rausgekommen, da hattest du keine Zeitein-

---

154 Interview4_Zeitarbeit2; Zeile 30-35
155 Interview1_Betrieb1; Zeile 218-221
156 Interview1_Betrieb1; Zeile 140f

teilung. Erstens das und zweitens wurde man dort sehr ungerecht behandelt. (...), und die wurden in den Vordergrund gestellt, und die anderen halt in den Hintergrund..“[157]

„(…) und die Leute dann auch berichten, wenn sie wieder zurück kommen in die Beratung, dass sie sich dort schon als, ich sage jetzt mal, zweiter Klasse gefühlt haben und die gleiche Tätigkeit zu einer geringeren Entlohnung zu den dort festangestellten Mitarbeitern ausüben mussten.“[158]

Gleichbehandlung von Stamm- und Leiharbeitspersonal reicht nach Ansicht der Befragten allerdings für eine soziale Integration nicht aus. Denn im Grundsatz sind sich alle Interviewpartner darin einig, dass sich Zeitarbeitnehmer letztendlich erst bei einer Übernahme in ein reguläres und unbefristetes Beschäftigungsverhältnis vollständig sozial akzeptiert und integriert fühlen können.

Dies macht einer der beiden Leiharbeitnehmer deutlich, indem er seine zurückliegenden Phasen der Zeitarbeit allenfalls als Überbrückung bezeichnet und feststellt, dass er sich in den ebenfalls zurückliegenden Abschnitten einer regulären Beschäftigung deutlich zufriedener gefühlt hat.

„Und da fühlte ich mich eigentlich richtig wohl, da fühl ich mich wie zu Hause. Das ist halt die Tätigkeit, die du gelernt hast, für die du offen bist. Ja ich mein, wer macht schon, also ich meine für Geld machen viele eigentlich alles. Das mit der Zeitarbeit war eigentlich auch nur so ne Überbrückung.“[159]

Dies wird von dem zweiten Interviewpartner mit Zeitarbeitserfahrung bestätigt. Leiharbeit sei für ihn immer die zweite Wahl gewesen sei, auch wenn er diese als eine Verbesserung im Vergleich zur Zeit einer Arbeitslosigkeit betrachte.

„Ich habe mich wohl gefühlt, weil ich Arbeit hatte. Das ist wichtig.“[160]

Für die anderen Interviewpartner stellt die Verweildauer im Entleihbetrieb ein zentrales Kriterium für das soziale Integrationserleben dar. Während ein Experte der Zeitarbeitsunternehmen der Meinung ist, dass sich ein entsprechendes Gefühl aufgrund der kurzen Anstellungsphase überhaupt nicht einstellen kann, sehen die anderen Befragten bei einer längerfristigen Beschäftigung immerhin eine Chance dafür.

---

157 Interview5_Kunde1; Zeile 18-22
158 Interview7_Fallmanager1; Zeile 37-42
159 Interview5_Kunde1; Zeile 110ff
160 Interview6_Kunde2; Zeile 69

„Wenn man einen Vertrag hat und längerfristige Einsätze hat, ich denke, da ist man auch schon integriert in die Arbeitswelt. Klar, man hat ein Ziel, übernommen zu werden, aber es ist schon mal ein Anfang."[161]

Die hier angeführten Aussagen aus den Experteninterviews decken sich nur zum Teil mit den in Kapitel 2.1.2 vorgestellten quantitativen Befunden des IAB-Betriebspanels. Konsens besteht darüber, dass sich das Integrationsempfinden durch die Aufnahme einer regulären Beschäftigung verbessert. Im Einklang mit dem Betriebspanel steht auch, dass zumindest die beiden hier befragten Leiharbeitnehmer die Aufnahme einer Zeitarbeitsbeschäftigung im Allgemeinen als für die subjektiv wahrgenommene Integration förderlich betrachten. Insbesondere ihre Empfehlung, dass es ein Versuch wert sei, zeigt ihre positive Bewertung dieser Beschäftigungsform.

Der Befund der IAB-Studie, dass sich die subjektive Wahrnehmung verschlechtere, wenn Zeitarbeit ein Dauerzustand ist, wird in der vorliegenden Untersuchung dagegen nicht bestätigt. Vielmehr vermuten die hier befragten Experten, dass sich das Integrationsempfinden seitens der Zeitarbeitnehmer verbessert, je länger sie in dem Entleihbetrieb eingesetzt werden. Auch die Annahme des IAB-Panels, dass vor allem das Gefühl der fehlenden Perspektive die Leiharbeitnehmer belastet, spiegelt sich in den hier erhobenen Expertenurteilen nicht wieder. Stattdessen sehen die Befragten die ungleiche Behandlung von Zeitarbeitnehmern und Stammpersonal als das große Problem, aus dem dann auch Hemmnisse für eine soziale Integration der Betroffenen resultieren.

In einer zusammenfassenden Beantwortung der Fragestellung ist festzustellen, dass die Aufnahme eines Zeitarbeitsverhältnisses dann für arbeitslose Menschen zu einer Verbesserung der gesellschaftlichen Teilhabe führen kann, wenn der Leiharbeitnehmer im Betrieb nach dem Prinzip des Equal-Treatment beschäftigt wird. Eine vollständige gesellschaftliche Teilhabe gelingt allerdings nur, wenn eine Übernahme in ein reguläres Beschäftigungsverhältnis erfolgt.

2.4.2.3 Zeitarbeit als Chance, um die eigene Existenz zu sichern

Für viele arbeitslose Menschen stellt die Abhängigkeit von staatlichen Transferleistungen eine seelische Belastung dar. Inwieweit die Sicherstellung der eigenen Existenz durch die Aufnahme einer Zeitarbeitsbeschäftigung möglich ist, soll im Folgenden aus Sicht der befragten Experten beantwortet werden. Die bisherigen Ausführungen haben gezeigt, dass die Interviewpartner ein grundsätzliches Problem der Zeitarbeit in der Vergütung von Leiharbeitnehmern sehen.

---

161 Interview8_Fallmanager2; Zeile 59ff

Beide befragten Experten mit zurückliegender Erfahrung in der Zeitarbeit stellen fest, dass das Einkommen als Leiharbeitnehmer nicht ausgereicht hat, um ihren Lebensunterhalt zu bestreiten.

„Ich hab im Endeffekt dann genau so viel gehabt wie ein Hartz IV-Empfänger, also Arbeitslosengeld II-Empfänger gehabt. Und bei C. war es aber so, da hatte ich sogar ein bisschen weniger."[162]

Nach der Erfahrung der Experten, die im Jobcenter tätig sind, ist die finanzielle Situation während der Zeitarbeit für Elternteile mit einem oder mehreren Kindern besonders prekär.

„(...) und einfach auch von der Entlohnung, (...), wo oft nicht ausreichend ist für einen Familienvater, eine Familie zu ernähren".[163]

Die Bundesagentur für Arbeit errechnet einen Anteil von 7% bzw. 10% Aufstockern unter allen Beschäftigten in der Zeitarbeit (vgl. Kapitel 2.1.3). Dabei zeigt sich, dass gerade Leiharbeitnehmer, die im Helferbereich angesiedelt sind, ihre Existenz ohne zusätzliche staatliche Hilfen nicht oder allenfalls nur knapp absichern können. Außerdem ist bei den Angaben der Bundesagentur zu berücksichtigen, dass sich jene lediglich auf den Personenkreis beziehen, der tatsächlich auch aufstockende Leistungen erhält. Ungewiss bleibt die Quote derjenigen Leiharbeitnehmer, die aufgrund ihres geringen Verdienstes zwar Anspruch auf zusätzliche Zahlungen haben, diese aber aus unterschiedlichen Gründen nicht beantragen.

Im Ergebnis wird deutlich, dass für arbeitslose Menschen mit einer geringeren Qualifikation (und entsprechend geringerem Einkommen) sowie arbeitslose Menschen mit Kindern auch bei einer Vollzeitbeschäftigung in Zeitarbeit ein Restrisiko für die Abhängigkeit von staatlichen Leistungen bestehen bleibt.

2.4.2.4 Zeitarbeit als Chance, um Fähigkeiten und Kompetenzen aufzubauen

Die schon in Kapitel 2.1.4 angeführte Untersuchung von Galais, Moser und Münchhausen[164] kommt zu dem Ergebnis, dass Leiharbeitnehmer nur bedingt formelle Kompetenzen aufbauen können, aber tendenziell mehr informelle Fähigkeiten erwerben. Demnach lernen sie z. B. sich zügig in neue Aufgaben einzuarbeiten oder sich veränderten Situationen anzupassen. Diese Tendenz bestätigt auch das Meinungsbild der hier befragten Experten. Nach deren Ansicht werden Leiharbeitnehmer zwar im Entleihbetrieb für den jeweils anstehenden Einsatzbereich ge-

---

162 Interview6_Kunde2; Zeile 83ff
163 Interview7_Fallmanager1; Zeile 56ff
164 Moser, K. / Galais, N.

schult, dies entspreche jedoch nicht einer arbeitsplatzübergreifenden Qualifizierung. Der Aufbau informeller Fähigkeiten nehme dagegen eine wichtigere Rolle ein. Dabei hat nach Ansicht der Befragten der Prozess des 'training-on-the-job' ein großes Gewicht.

> „(...) und den versuchen wir also training-on-the-job wieder dahin zu bringen, wo er mal war."[165]

Generell sieht ein Experte des Jobcenters ebenso wie einer der beiden Befragten ehemaligen Leiharbeitnehmer explizit den Vorteil des diffusen Lernens im Rahmen der Zeitarbeit.

> „Und auch wenn er dort [im Betrieb] nicht bleiben sollte, nicht übernommen wird, er sammelt trotzdem bestimmte Erfahrungen, bestimmte Kenntnisse, bestimmte Fertigkeiten, die er vielleicht irgendwo anders einsetzen kann. Und das ist auch ganz gut für den Lebenslauf, ganz formell."[166]

Einschränkend wird aber auch von den Interviewpartnern festgestellt, dass den Leiharbeitnehmern für ihre kompetenzorientierte Entwicklung von den Betrieben nicht immer die notwendige Zeit zur Verfügung gestellt wird.

> „Und gerade unsere Leute werden mehr nach Leistung bewertet. Unsere Leute müssen Stückzahlen bringen. Wenn das die Angestellten nicht bringen, ist es schon in Ordnung, dann hat er halt einen schlechten Tag. Wenn ein Zeitarbeiter das nicht bringt, ist er sofort weg."[167]

Viele Betriebe setzen also von Beginn an eine gewisse Funktionsfähigkeit ihrer Zeitarbeitnehmer voraus. Sollte diese nicht schon zumindest ansatzweise vorhanden sein, trennen sie sich eher von jenen anstatt den notwendigen Mehraufwand an Schulung zu investieren.

Zwei der Befragten aus einem Entleihbetrieb und einem Zeitarbeitsunternehmen kommen zu dem Schluss, dass im Hinblick auf einen Kompetenzaufbau generell vor allem hochqualifizierte Arbeitskräfte aus ihrer Beschäftigung in der Zeitarbeit profitieren.

> „Also der Trend geht in die Richtung, dass Promovierte sagen, dass über die Zeitarbeit kommen sie in verschiedene Firmen rein, lernen eine höhere Ex-

---

165 Interview4_Zeitarbeit2; Zeile 34
166 Interview8_Fallmanager2; Zeile 37-40
167 Interview4_Zeitarbeit2; Zeile 230ff

pertise und dementsprechend haben sie nachher auf dem Arbeitsmarkt eine größere Chance auch die Stellen zu bekommen, die sie möchten."[168]

Da diese Personengruppe jedoch nicht mehrheitlich der Zielgruppe dieser Arbeit entspricht, sollen diese Aussagen nicht weiter verfolgt werden.

Zusammenfassend besagen die Ausführungen der Experten, dass die Aufnahme einer Zeitarbeitsbeschäftigung arbeitsloser Menschen durchaus dazu dienen kann, die eigenen Kompetenzen zu erweitern. Dies betrifft aber weniger das formelle, zielgerichtete sondern deutlich mehr das informelle, diffuse Lernen. Ein Zuwachs an Fähigkeiten ist dann wahrscheinlich, wenn der Leiharbeitsbeschäftigte schon ein gewisses Maß an Leistungsfähigkeit und Flexibilität mitbringt.

2.4.2.5 Fazit

Ist Zeitarbeit eine Chance für arbeitslose Menschen? Die Beantwortung dieser Fragestellung durch die Experten ist divergent.

Fünf von acht der Befragten sehen in der Zeitarbeit ein geeignetes Mittel zur Eingliederung arbeitsloser Menschen. Zeitarbeitsfirmen könnten arbeitslose Menschen besser 'verkaufen', wodurch diese eine Möglichkeit zu einem (Leih-) Arbeitsverhältnis erhielten, das ihnen sonst nicht angeboten würde. Der Entleihbetrieb habe die Möglichkeit, den Mitarbeiter unverbindlich kennenzulernen, und im positiven Falle könnte dieser anschließend regulär angestellt werden.

Dagegen verneinen die restlichen der befragten Experten diese Fragestellung. Zeitarbeit könne den Menschen keine Sicherheit und Perspektive vermitteln und verlange andererseits von diesen ein Höchstmaß an Leistungsbereitschaft und Mobilität. Dies verursache seelischen Druck und führe zu Versagensängsten, aus denen auf Dauer Resignation resultiere.

Beide Argumentationslinien sind nachvollziehbar und in sich schlüssig. Sie unterscheiden sich, weil in ihnen ein unterschiedlicher Wahrnehmungsfokus zum Ausdruck kommt, dem divergente Bewertungsmaßstäbe bzw. Ziele zu Grunde liegen: Zum einen die unbedingte Integration in den Arbeitsmarkt, zum anderen das Wohlbefinden der Menschen.

Eine andere und letzte Perspektive wird in der Meinung eines Experten des Jobcenters deutlich. Da viele Betriebe wenig Bereitschaft zeigten, gering qualifizierte Arbeitskräfte zu beschäftigen, kommt er zu dem Schluss, dass Zeitarbeit gerade für diese Personengruppe zwangsläufig ein geeignetes Instrument sein muss. Diese Menschen wären auf Zeitarbeit angewiesen und jene sei somit für sie die *letzte* Chance, um auf dem Beschäftigungsmarkt Fuß zu fassen.

---

168 Interview2_Betrieb2; Zeile 27-30

Die in dieser Arbeit verfolgte zentrale Forschungsfrage ist zusammenfassend nicht eindeutig mit „ja" oder „nein" zu beantworten, vielmehr muss differenziert werden. Ob Zeitarbeit tatsächlich eine Chance darstellt, hängt ganz offensichtlich von vielen Faktoren ab. Dabei entspricht die Individualität der Lebenslagen arbeitsloser Menschen der Individualität von Möglichkeiten, wie Zeitarbeit betrachtet werden kann. Die Experten sind sich darin einig, dass sich die Chance meist auf die Personengruppe der 'kurzfristig' arbeitslosen Menschen bezieht, und dass die Merkmale der Branche wie hohe Fluktuation, Leistungsorientierung und Schnelllebigkeit letztendlich nicht für alle Gruppen von arbeitslosen Menschen vereinbar sind. Für Menschen mit gesundheitlichen Einschränkungen, für Alleinerziehende und Personen, deren Leistungsfähigkeit in irgendeiner Weise eingeschränkt ist, stößt Zeitarbeit als Förderungsinstrument an ihre Grenzen.

Hinzukommt, dass bei der Zeitarbeit die Chancen und die Grenzen sehr nahe beieinander liegen. So können arbeitslose Menschen einerseits glücklich darüber sein 'wenigstens eine Arbeit zu haben', um sich im nächsten Moment 'als Arbeitnehmer zweiter Klasse ausgenutzt zu fühlen'. So hat bei der Beantwortung der Fragestellung auch das subjektive Empfinden der betroffenen Personen eine große Bedeutung.

3. ZUSAMMENFASSUNG UND AUSBLICK

Im Vordergrund dieser Arbeit stand die Frage nach den Chancen der Zeitarbeit für arbeitslose Menschen. Zunächst wurde in der Einleitung mit Hilfe eines Fallbeispiels auf die Problematik aufmerksam gemacht. Die zentrale Fragestellung wurde sodann in vier Unterfragen differenziert. Mit einer Diskussion der gesellschaftlichen, politischen und gesetzlichen Hintergründe von Arbeitslosigkeit und mit theoretischen Ausführungen zur Zeitarbeit wurde ein umfassender Rahmen für die nachfolgende empirische Untersuchung gespannt. Diese beinhaltet Interviews mit Experten, die Erfahrung aus den relevanten Bereichen mitbringen. Natürlich muss bedacht werden, dass in den Antworten der Befragten nicht nur ihre fachlichen Erfahrungen sondern auch deren jeweiliger beruflicher Standpunkt zum Ausdruck kommt. Neben ihrem Expertentum sind sie in gewissem Sinne auch Interessensvertreter und erfüllen in ihrer Position als Akteure je unterschiedliche Aufgaben.

Im Hinblick auf die Frage nach der Chance, in ein reguläres Beschäftigungsverhältnis übernommen zu werden, konnten die empirisch gewonnenen Befunde die theoretischen Annahmen zum Teil bestätigen. Übernahmeoptionen für Leiharbeitnehmer sind demnach gegeben, allerdings nur unter bestimmten Voraussetzungen, und eher für die Gruppe derjenigen arbeitslosen Menschen, die schon weitergehende Qualifikationen mitbringen. Generell kann Zeitarbeit nur zur Überbrückung von Phasen der Arbeitslosigkeit dienen und stellt daher keine dauerhafte Lösung für die Betroffenen dar.

Die Interviewergebnisse zeigen weiter, dass die Aufnahme eines Zeitarbeitsverhältnisses zu einer Verbesserung der gesellschaftlichen Teilhabe führen kann, wenn der Leiharbeitnehmer im Betrieb nach dem Prinzip des Equal Treatment beschäftigt wird. Die Möglichkeit, durch Zeitarbeit die eigene Existenz sicher stellen zu können, ist nach den Befunden zwar grundsätzlich gegeben, jedoch bleibt vor allem für bestimmte Personengruppen, wie z. B. Alleinerziehende, das Risiko, trotz einer Vollzeitbeschäftigung in Zeitarbeit von staatlichen Transfers abhängig zu sein. Schließlich legen die hier vorgelegten Untersuchungsergebnisse nahe, dass durch die Aufnahme einer Zeitarbeitsbeschäftigung Kompetenzen auf Seiten der Leiharbeitnehmer entwickelt oder auch erweitert werden können. Davon profitieren allerdings vor allem schon qualifizierte arbeitslose Menschen und solche, die ein Mindestmaß an Leistungsfähigkeit und Flexibilität mitbringen.

Betrachtet man den Terminus Chance im Sinne von Aussicht auf Erfolg, bleibt in Anbetracht der Befunde ein bitterer Beigeschmack. Für die Mehrzahl der arbeitslosen Menschen ist Zeitarbeit aufgrund vielfältiger Nachteile allenfalls zweite Wahl. Dagegen enthält sie aus Sicht der Entleihbetriebe viele Vorzüge und wird entsprechend umfassend in Anspruch genommen. Arbeitslose Menschen müssen sich bei ihrer Suche nach einer sozialversicherungspflichtigen Beschäftigung an dem Angebot des Marktes orientieren. Häufig bleibt ihnen nur noch eine Bewerbung auf die von Zeitarbeitsunternehmen ausgeschriebenen Arbeitsstellen. Ob dies als Chance im eigentlichen Sinne des Wortes zu bezeichnen ist, bleibt zweifelhaft, da es sich hier um keine Entscheidung aus freiem Willen handelt, sondern um eine Konsequenz in Anbetracht begrenzter Möglichkeiten. Ein Einstieg in die Betriebe im Helferbereich ist größtenteils nur noch über Zeitarbeit möglich.

Andererseits ist nicht zu übersehen, dass Zeitarbeit von Politik und Wirtschaft als Chance 'verkauft' wird. In Teilen erweckt dies den Eindruck als sei das Hauptaugenmerk nicht auf die Menschen gerichtet, sondern auf die Unternehmen. Diese Vermutung verfestigt sich gerade in solchen Fällen, wo der Leiharbeitnehmer von dem Entleihbetrieb dann umgehend ausgetauscht wird, wenn er nicht angemessen 'funktioniert'.

Die Zukunftsaussichten der Zeitarbeit hängen vom politischen Kurs und der wirtschaftlichen Entwicklung ab. Die Politik fordert eine Einigung der Tarifpartner in Bezug auf die finanzielle Gleichstellung von Leiharbeitnehmern, sieht jedoch bis zum heutigen Zeitpunkt keinen Bedarf für Gesetztesreformen. Die Gewerkschaften rufen zu Kampagnen und Demonstrationen auf, was die Situation verschärft. Inzwischen ist kaum verkennbar, dass in punkto Gleichbehandlung ein Optimierungsbedarf besteht. Sollten entsprechende Änderungen vorgenommen werden, ist die Zukunft der Leiharbeit ungewiss, denn für Betriebe würde dies Mehrkosten zur Folge haben und infolgedessen zu einer abwartenden Haltung führen. Eine rückgängige Auftragslage seitens der Zeitarbeitsunternehmen wiederum könnte dazu führen, dass diese ihren bisherigen Kurs neu ausrichten würden. Sollte die Politik keine Änderungen vornehmen, so wird sich die Zeitarbeit höchstwahrscheinlich wie in den vergangenen Jahren zügig weiterentwickeln. Für arbeitslose Menschen würde dies bedeuten, dass sie sich nach wie vor größtenteils auf Helferstellen über Zeitarbeit bewerben könnten und ihnen der reguläre Zugang zu den Betrieben verwehrt bliebe.

Unabhängig davon werden sich Zeitarbeitsfirmen zukünftig neuen Aufgaben stellen müssen. Sämtliche Wirtschaftsunternehmen befassen sich seit einiger Zeit mit Konzepten zur sozialen Verantwortung gegenüber Mitarbeitern und der Gesellschaft sowie mit Modellen zur Vereinbarkeit von Familie und Beruf. Diese Entwicklung macht auch vor den Zeitarbeitsunternehmen keinen Halt und stellt für sie eine Herausforderung dar. Ihr Image hat eine große Wirkung auf die Öffentlichkeit, welches die Kunden und die Kundenbetriebe ansprechen sollte.

LITERATUR

Baur, N.: Soziologische und ökonomische Theorien der Erwerbsarbeit. Eine Einführung. Frankfurt: Campus-Verlag 2001

Berth, H. / Förster, P. / Brähler, E.: Gesundheitsfolgen von Arbeitslosigkeit. In: Gesundheitswesen, 65, 2003, S. 555-560

Bogner, A. / Littig, B. / Menz, W. (Hrsg.): Das Experteninterview – Theorie, Methode, Anwendung; 2. Auflage. Wiesbaden: Verlag für Sozialwissenschaften 2005

Brömser, H.-P.: Potenzial der Zeitarbeit. In: Egle, F. / Nagy, M. (Hrsg.): Arbeitsmarktintegration. Grundsicherung – Fallmanagement – Zeitarbeit - Arbeitsvermittlung. Wiesbaden: Gabler Verlag 2008

Chattopadhyay, P. / George, E. / Lawrence, S: Why does dissimilitary matter? Exploring self-enhancement, and uncertainly reduction. In: Journal of Applied Psychology, Nr. 89; 2004, S. 892-900

Dahl, H. / Dreyer, M. / von der Planitz, C. / von der Rundstedt, S.: Personaldienstleister in Deutschland – Die neuen Partner flexibler Personalarbeit. München: Luchterhand 2009

Dauser, T.: Arbeitnehmer zweiter Klasse? Wild-West Methoden in der Leiharbeitsbranche. In: Schwaab, M.-O. / Durian, A. (Hrsg.): Zeitarbeit – Chancen, Erfahrungen, Herausforderungen. Wiesbaden: Gabler Verlag 2009, S. 181-190

Diekmann, A..: Empirische Sozialforschung. Grundlagen, Methoden, Anwendungen, 11. Auflage. Hamburg: Reinbek 2004

Dinges, A. / Franken, H. / Breucker, G. / Calasan, V. / Speidel, C.: Zukunft Zeitarbeit. Perspektiven für Wirtschaft und Gesellschaft. Berlin: Springer 2012

Dischinger, M.: Den Verleihern geht das Personal aus. In: Staatsanzeiger – Rubrik Wirtschaft und Arbeitsmarkt, Nr.1, 2012, S. 10

Dreyer, M.: Das gute Recht der Zeitarbeit – rechtliche Rahmenbedingungen im Überblick. In: Schwaab, M-O./ Durian, A. (Hrsg.): Zeitarbeit – Chancen, Erfahrungen, Herausforderungen. Wiesbaden: Gabler Verlag 2009, S. 19-30

Elkeles, T. / Seifert, W.: Arbeitslose und ihre Gesundheit. Empirische Langzeitanalysen. Berlin: Wissenschaftszentrum Berlin für Sozialforschung gGmbH 1992

Frese, M.: Psychische Folgen von Arbeitslosigkeit in den fünf neuen Bundesländern – Ergebnisse einer Längsschnittstudie. In: Montada, L. (Hrsg.): Arbeitslosigkeit und soziale Gerechtigkeit. Frankfurt: Campus Verlag 1999

Friedrich, H. / Wiedenmeyer, M.: Arbeitslosigkeit – ein Dauerproblem. Dimensionen, Ursachen, Strategien, 3. Auflage. Opladen: Leske und Budrich 1998

Gerlach, F. / Kronauer, M. / Vogel, B.: Im Schatten der Arbeitsgesellschaft – Arbeitslose und die Dynamik sozialer Ausgrenzung. Frankfurt: Campus Verlag 1993

Gutman, J. / Kilian, S.: Zeitarbeit: Fakten, Trends und Visionen. 2. Auflage. Freiburg: Haufe 2011

Henkel, D.: Arbeitslosigkeit und Alkoholismus – Epidemiologische, ätiologische und diagnostische Zusammenhänge. Weinheim: Deutscher Studienverlag 1992

Henkel, D. / Zemlin, U. (Hrsg.): Arbeitslosigkeit und Sucht. Ein Handbuch für Wissenschaft und Praxis. Frankfurt: Fachhochschulverlag 2008

Herrmann, T.: Schaffung von Arbeitsplätzen durch Leiharbeit? Die Änderungen im Arbeitnehmerüberlassungsgesetz durch „Hartz I" und ihre Auswirkungen. Hamburg: Verlag Dr. Kovac 2009

Hoffmann-Riem, C.: Die Sozialforschung einer interpretativen Soziologie – der Datengewinn. In: Kölner Zeitschrift für Soziologie und Sozialpsychologie, Jg. 32; Heft 2; 1980, S. 339-372

Hradil, S.: Soziale Ungleichheit in Deutschland, 7. Auflage. Opladen: Leske und Budrich 1999

Jacobs, H.: Arbeitslosigkeit in der Bundesrepublik Deutschland. Stuttgart: Klett Verlag 1979

Kieselbach, T.: Arbeitslosigkeit. In: Asanger, R. / Wenninger; G. (Hrsg.): Handwörterbuch der Psychologie, 5. Auflage. Weinheim: Beltz Psychologie Verlags Union 1994, S. 42-51

Kirchler, E.: Arbeitslosigkeit - Psychologisches Skizzen über ein anhaltendes Problem. Göttingen: Hogrefe 1993

Kleinherz, G.: Der Verlust des Arbeitsplatzes – Wirkung auf das Leben und die sozioökonomische Stellung des Arbeitslosen. Berlin: Kohlhammer 1989

Kramer, E.: Auswirkungen elterlicher Arbeitslosigkeit auf Familien. München: Grin-Verlag, 2008

Leitner, A. / Wroblewski, A.: Zwischen Wissenschaftlichkeitsstandards und Effizienzansprüchen – ExpertInneninterview in der Praxis der Arbeitsmarktevaluation. In: Bogner, A. / Littig, B. / Menz, W. (Hrsg.): Das Experteninterview – Theorie, Methode, Anwendung; 2. Auflage. Wiesbaden: Verlag für Sozialwissenschaften 2005, S. 241-255

Mayring, P.: Qualitative Inhaltsanalyse. Grundlagen und Techniken; 8. Auflage. Weinheim: Beltz 2003

Meuser, M. / Nagel, U.: ExpertInneninterviews – vielfach erprobt, wenig bedacht – ein Beitrag zur qualitativen Methodendiskussion. In: Bogner, A. / Littig, B. / Menz, W. (Hrsg.): Das Experteninterview – Theorie, Methode, Anwendung; 2. Auflage. Wiesbaden: Verlag für Sozialwissenschaften 2005, S. 71-93

Mohr, G. / Richter, P.: Psychosoziale Folgen von Erwerbslosigkeit. Interventionsmöglichkeiten. In: Aus Politik und Zeitgeschichte, 40-41, 2008, S. 25-32

Moser, K. / Galais, N.: Zeitarbeit aus Mitarbeitersicht. In: Schwaab, M.-O./ Durian, A. (Hrsg.): Zeitarbeit – Chancen, Erfahrungen, Herausforderungen. Wiesbaden: Gabler Verlag 2009, S. 51-65

Paul, K. / Hassell, A. / Moser, K.: Die Auswirkungen von Arbeitslosigkeit auf die psychische Gesundheit. In: Hollederer, A. / Brand, H. (Hrsg.): Arbeitslosigkeit, Gesundheit und Krankheit. Bern: Huber 2006, S. 35-51

Pilz, F.: Der Sozialstaat. Ausbau – Kontroversen – Umbau, Schriftreihe Band 761. Bonn: Bundeszentrale für politische Bildung 2009

Schäfer; H.: Entwicklung der Zeitarbeit. In: Schwaab, M.-O./ Durian, A. (Hrsg.): Zeitarbeit – Chancen, Erfahrungen, Herausforderungen. Wiesbaden: Gabler Verlag 2009, S. 5-15

Scheuch, E.: Das Interview in der Sozialforschung. in: König, R. (Hrsg.): Handbuch der empirischen Sozialforschung, Band 1, 3. Auflage. Stuttgart: Thieme 1974, S.136-196

Schmid, G. / Wiebe, N.: Die Politik der Vollbeschäftigung im Wandel. Von der passiven zur interaktiven Arbeitsmarktpolitik. In: Kaase, M. / Schmid; G. (Hrsg.) Eine lernende Demokratie, 50 Jahre Bundesrepublik Deutschland. Berlin: Edition Sigma 1999, S. 357 – 396

Wolski-Prenger, F.: Niemand wird es schlechter gehen …! – Armut, Arbeitslosigkeit und Erwerbsbewegungen in Deutschland. Köln: Bund 1993

Internetquellen

Antoni, M. / Jahn, E.: IAB – Kurzbericht Nr. 14, 19.09.2006; Download unter: http://doku.iab.de/kurzber/2006/kb1406.pdf, aufgerufen am 29.11.2012

Arbeitnehmerüberlassungsgesetz: Gesetz zur Regelung der Arbeitnehmerüberlassung; abgerufen unter: http://www.gesetze-im-internet.de/a_g/index.html, aufgerufen am 30.11.12

Bach, H. U. / Spitznagel, E.: Kosten der Arbeitslosigkeit sind gesunken; IAB Kurzbericht 14/2008; Download unter: http://doku.iab.de/kurzber/2008/kb1408.pdf, aufgerufen am 29.11.2012

Bundesagentur für Arbeit (Hrsg.): Zeitarbeit in Deutschland – Aktuelle Entwicklungen; Der Arbeitsmarkt in Deutschland, Arbeitsmarktberichterstattung Juli 2012, Download unter: http://statistik.arbeitsagentur.de/cae/servlet/contentblob/244170/publicationFile/119019/Arbeitsmarkt-Deutschland-Zeitarbeit-Aktuelle-Entwicklung-1HJ2010.pdf, aufgerufen am 29.11.2012

Bundesministerium für Arbeit und Soziales: Pressemitteilung vom 20.12.2011; aufgerufen unter: http://www.bmas.de/DE/Service/Presse/Pressemitteilungen/mindestlohn-zeitarbeit-branchen.html, am 29.11.2012

Bundesregierung: Lebenslagen in Deutschland – Dritter Armut- und Reichtumsbericht Deutschland, Download unter: http://www.bmas.de/SharedDocs/Downloads/DE/PDF-Publikationen/forschungsprojekt-a333-dritter-armuts-

und-reichtumsbericht.pdf?__blob=publicationFile, Stand 2008, aufgerufen am 06.05.2012

Bundeszentrale für politische Bildung (Hrsg.): Duden Wirtschaft von A bis Grundlagenwissen für Schule und Studium, Beruf und Alltag. 4. Auflage, Mannheim: Bibliographisches Institut 2009, Lizenzausgabe Bonn: Bundeszentrale für politische Bildung 2009, aufgerufen unter: http://www.bpb.de/nachschlagen/lexika/lexikon-der-wirtschaft/21231/zweiter-arbeitsmarkt, am 04.06.2012

Bundeszentrale für politische Bildung, aufgerufen unter: http://www.bpb.de/poltik/innenpoltik/arbeitsmarktpolitik/54992/folgen-der-arbeitslosigkeit, am 29.11.2012

Deutscher Bundestag: Antwort der Bundesregierung auf die kleine Anfrage der Abgeordneten Beate Müller-Gemmeke, Markus Kurth, Maria Klein-Schmeink, weiterer Abgeordneter und der Fraktion BÜNDNIS 90/ DIE GRÜNEN – Drucksache 17/8064 – Gesundheitsrisiken in der Leiharbeit, aufgerufen unter: http://dip21.bundestag.de/dip21/btd/17/082/1708267.pdf, am 17.06.2012

Gabler-Wirtschaftslexikon, aufgerufen unter: http://wirtschaftslexikon.gabler.de/Definition/drei-sektoren-hypothese.html, am 20.05.2012

Göckler; R. (Hrsg.): Fachkonzept „Beschäftigungsorientiertes Fallmanagement im SGB II", Abschlussfassung des Arbeitskreises; Download unter: http://www.arbeitsagentur.de/zentraler-Content/A03-Berufsberatung/A033-Erwerbspersonen/Publikationen/pdf/Fallmanagement-Fachkonzept.pdf, auf gerufen am 29.11.2012

Grundert, S. / Hohendanner, C.: Leiharbeit und befristete Beschäftigung – Soziale Teilhabe ist eine Frage von stabilen Jobs; IAB Kurzbericht; Nr. 4/2011, Download unter: http://doku.iab.de/kurzber/2011/kb0411.pdf, aufgerufen am 29.11.2012

Interessensverband Deutscher Zeitarbeitsunternehmen e.V. – aufgerufen unter: http://www.ig-zeitarbeit.de/glossary/term/252, am 30.11.2012

IW Consult GmbH / Institut der Deutschen Wirtschaft Köln (Hrsg.): Zeitarbeit in Deutschland, 2011, Download unter: http://www.iwconsult.de/imperia/md/images/iwconsult/pdf/download/studien/studie-zeitarbeit_20110615.pdf, aufgerufen am 17.06.2012

Kioskea-Net: Leiharbeit. Einführung einer sogenannten Drehtürklausel, aufgerufen unter: http://www.recht-finanzen.de/faq/422-leiharbeit-einfuhrung-einer-sogenannten-drehturklausel, am 24.05.2012

Ludwig, U.: Arbeitsmarktintegration durch Zeitarbeit – Die Rolle der Zeitarbeit bei der Integration von schwer vermittelbaren Langzeitarbeitslosen in den ersten Arbeitsmarkt; erschienen in: WAO Soziologie, Online Journal für Wirtschafts- Arbeits- und Organisationssoziologie; Jg.1; Heft 1/2011; Download: http://www.wiso.uni-hamburg.de/fileadmin/projekte/wao/WAOSoziologie_Beitrag_Ludwig_2011.pdf, aufgerufen 4.05.2012

Pätzold, J.: http://www.juergen-paetzold.de/stabpol/BG+Infl/Beschaeftigung.html, aufgerufen am 15.11.12

Promberger, M.: Leiharbeit im Betrieb, Strukturen, Kontexte und Handhabungen einer atypischen Beschäftigungsform, Hans Böckler Stiftung; Download unter: http://www.boeckler.de/pdf_fof/S-2002-418-3-9.pdf, aufgerufen am 30.11.2012

Recht und Finanzen, aufgerufen unter: http://www.recht-finanzen.de/faq/422-leiharbeit-einfuhrung-einer-sogenannten-drehturklausel, am 24.05.2012

SGB II – Info, aufgerufen unter: http://www.sgb2.info/node/1271, aufgerufen am 04.05.2012

Statistisches Bundesamt: Arbeitsmarktstatistik Übersicht von 03/2012, unter: http://www.destatis.de/DE/ZahlenFakten/Indikatoren/Konjunkturindikatoren/Arbeitsmarkt/arb410.html?nn=55254, aufgerufen am 17.06.2012

Strotmann, H. / Vogel, A.: Zur Bedeutung der Bundesagentur für Arbeit für die Stellenvermittlung in Baden-Württemberg, erschienen in: IAW – Kurzbericht; Nr. 4/2004; Download unter: http://doku.iab.de/externe/2004/k040802f04.pdf, aufgerufen am 30.11.2012

Techniker Krankenkasse (Hrsg.): Gesundheitsreport 2009, Schwerpunkt: Gesundheit von Beschäftigten in Zeitarbeitsunternehmen, Download unter: http://www.tk.de/centaurus/servlet/contentblob/157354/Datei/19443/Gesundheitsreport-8.pdf, aufgerufen am 29.11.2012

Weinkopf, C. / Vanselow, A.: WISO – Diskurs – (Fehl)-Entwicklungen in der Zeitarbeit; Juni 2008, Friedrich-Ebert-Stiftung, Download unter: http://library.fes.de/pdf-files/wiso/05403.pdf, aufgerufen am 30.11.2012

ANHANG

- **Interviewleitfaden – Betrieb1/2_Interview1/2**
- **Interviewleitfaden – Zeitarbeit1/2_Interview3/4**
- **Interviewleitfaden – Kunde1/2_Interview5/6**
- **Interviewleitfaden – Fallmanager1/2_Interview7/8**

Interviewleitfaden – Betrieb1 und Betrieb2_Interview1 und Interview2

Themenkomplex I: Fragen zur Zeitarbeit

- Welche Erfahrungen haben Sie ganz allgemein im Rahmen Ihrer Tätigkeit mit Zeitarbeit gemacht?
- Ist Zeitarbeit Ihrer Meinung nach grundsätzlich ein geeignetes Instrument zur Eingliederung von arbeitslosen Menschen?
- Woher kommt Ihrer Meinung nach der schlechte Ruf der Branche?
- Spricht etwas dagegen die Personen direkt einzustellen?
- Worin liegen die Vorteile der Zeitarbeit?
- Gibt es Vor – und Nachteile für die Personen selbst?
- Wann kann man Ihrer Meinung nach von einer „Integration auf den ersten Arbeitsmarkt" sprechen?
- Denken Sie, dass durch Zeitarbeit Stammarbeitsplätze verdrängt werden?
- Besteht Ihrer Meinung nach die Gefahr, dass Entleihbetriebe diese Menschen nur als billige Arbeitskräfte nutzen?
- Wie viel Prozent Zeitarbeiter beschäftigt die Firma „Betrieb1" am Standort L. insgesamt?
- Wie werden Zeitarbeiter rekrutiert?
- Bieten Sie Zeitarbeitern nach einer gewissen Zeit eine Festanstellung?

Themenkomplex II: Fragen zur Zielgruppe

- Haben Sie schon Erfahrungen mit arbeitslosen/langzeitarbeitslosen Menschen gemacht?
- Was unterscheidet Ihrer Meinung nach die Gruppe der langzeitarbeitslosen Menschen mit Vermittlungshemmnissen von anderen arbeitslosen Menschen?
- Worin liegen Ihrer Meinung nach die Gründe für die schwierige Vermittelbarkeit langzeitarbeitsloser Menschen mit Vermittlungshemmnissen?
- Was denken Sie, könnten Probleme sein, wenn Sie Personen aus dieser Zielgruppe einstellen?

Interviewleitfaden – Zeitarbeit1 und Zeitarbeit2_Interview3 und Interview4

Themenkomplex I: Fragen zur Zeitarbeit

- Ist Zeitarbeit Ihrer Meinung nach grundsätzlich ein geeignetes Instrument zur Eingliederung von arbeitslosen Menschen?
- Woher kommt Ihrer Meinung nach der schlechte Ruf der Branche?
- Worin liegen die Vorteile der Zeitarbeit?
- Gibt es Vor – und Nachteile für die Personen selbst?
- Kann man von Integration sprechen, wenn eine Person in einer Zeitarbeitsfirma arbeitet, oder erst, wenn sie in einem Entleihbetrieb übernommen wird?
- Welche Bedingungen muss ein Arbeitgeber erfüllen, damit eine Integration erfolgreich sein kann?
- Denken Sie, dass durch Zeitarbeit Stammarbeitsplätze verdrängt werden?
- Besteht Ihrer Meinung nach die Gefahr, dass Entleihbetriebe diese Menschen nur als billige Arbeitskräfte nutzen?
- Wie viel Prozent Ihrer Bewerber sind zum Zeitpunkt der Bewerbung ohne Erwerbstätigkeit?

Themenkomplex II: Fragen zur Zielgruppe

- Haben Sie schon Erfahrungen mit arbeitslosen/langzeitarbeitslosen Menschen gemacht?
- Worin liegen Ihrer Meinung nach die Gründe für die schwierige Vermittelbarkeit langzeitarbeitsloser Menschen mit Vermittlungshemmnissen?
- Was würden Sie Arbeitgebern mit auf den Weg geben, wenn sie mit dieser Zielgruppe zusammenarbeiten?
- Welche Probleme könnten Ihrer Meinung nach bei der Arbeit mit dieser Zielgruppe auftreten?
- Welche Arbeitsplätze eigenen sich Ihrer Meinung nach für die Zielgruppe?

Interviewleitfaden – Kunde1 und Kunde2_Interview5 und Interview6

Themenkomplex I: Fragen zur Zeitarbeit

- Welche persönlichen Erfahrungen haben Sie bisher mit Zeitarbeit gemacht?
- Wie oft und wie lange waren Sie bei Zeitarbeitsunternehmen beschäftigt?
- Warum haben die Arbeitsverhältnisse geendet? Inwieweit traten Schwierigkeiten auf?
- Wurde Ihnen nach einer gewissen Zeit eine Festanstellung angeboten?
- Haben Sie einen Unterschied in der Behandlung von Leiharbeitnehmern und Stammpersonal feststellen können?
- Haben Sie sich als Leiharbeitnehmer vollständig auf dem Arbeitsmarkt integriert gefühlt? Wann kann man Ihrer Meinung nach von einer Integration auf den ersten Arbeitsmarkt sprechen?
- Ist Zeitarbeit Ihrer Meinung nach grundsätzlich ein geeignetes Instrument zur Eingliederung von arbeitslosen Menschen?
- Was sind die Vor- und Nachteile einer Zeitarbeitsbeschäftigung?
- Woher kommt Ihrer Meinung nach der schlechte Ruf der Branche?
- Welche Bedingungen muss ein Arbeitgeber erfüllen, damit eine Integration erfolgreich sein kann?

Interviewleitfaden – Fallmanager1 und Fallmanager2_Interview7 und Interview8

Themenkomplex I: Fragen zur Zeitarbeit

- Welche Erfahrungen haben Sie ganz allgemein im Rahmen Ihrer Tätigkeit mit Zeitarbeit gemacht?
- Ist Zeitarbeit Ihrer Meinung nach grundsätzlich ein geeignetes Instrument zur Eingliederung von arbeitslosen Menschen?
- Woher kommt Ihrer Meinung nach der schlechte Ruf der Branche?
- Könnte Zeitarbeit der Zielgruppe Vorteile bieten? Worin liegen Nachteile?
- Könnte Zeitarbeit Vorteile bezüglich künftiger Arbeitgeber geben?
- Wann ist eine Integration von Arbeitslosen Ihrer Meinung nach gelungen?
- Kann man Ihrer Meinung nach von einer „Integration auf den ersten Arbeitsmarkt" sprechen, wenn eine Person in einer Zeitarbeitsfirma arbeitet, oder erst dann, wenn sie in einem Entleihbetrieb übernommen wurde?
- Denken Sie, dass durch Zeitarbeit Stammarbeitsplätze verdrängt werden?
- Besteht Ihrer Meinung nach die Gefahr, dass Entleihbetriebe diese Menschen nur als billige Arbeitskräfte nutzen?

Themenkomplex II: Fragen zur Zielgruppe

- Was unterscheidet Ihrer Meinung nach die Gruppe der langzeitarbeitslosen Menschen mit Vermittlungshemmnissen von anderen arbeitslosen Menschen?
- Welche Bedingungen muss ein Arbeitgeber Ihrer Meinung nach erfüllen, damit eine Integration erfolgreich sein kann?
- Worin liegen Ihrer Meinung nach die Gründe für die schwierige Vermittelbarkeit langzeitarbeitsloser Menschen mit Vermittlungshemmnissen?
- Was würden Sie Arbeitgebern mit auf den Weg geben, wenn sie mit dieser Zielgruppe zusammenarbeiten wollen?

Centaurus Buchtipp

Karin E. Sauer, Jeanette Elsässer

Burnout in sozialen Berufen

Öffentliche Wahrnehmung, persönliche Betroffenheit, professioneller Umgang

Perspektiven Sozialer Arbeit in Theorie und Praxis, Bd. 2
2013, 90 S., br.,
ISBN 978-3-86226-225-0, **€ 18,80**

Das Buch nähert sich dem bislang wenig differenziert betrachteten Begriff Burnout aus interdisziplinärer Perspektive. Burnout wird dabei als aktuelle Problemstellung der sozialpädagogischen Praxis diskutiert. Vor diesem Hintergrund wird eine qualitative Studie mit einer Sozialpädagogin analysiert, die nach der Behandlung ihrer eigenen Burnout-Symptomatik in der Burnout-Prävention tätig wurde. Daraus werden Handlungsempfehlungen entwickelt, die unter Berücksichtigung inhaltlicher, organisatorischer, personeller, sowie struktureller Aspekte in der Sozialen Arbeit umgesetzt werden können.

www.centaurus-verlag.de

Centaurus Buchtipps

Wiltrud Dümmler, Winfried Sennekamp
Recovery im psychiatrischen Wohnheim
Chancen und Grenzen des Konzepts bei Menschen mit einer schizophrenen Erkrankung
Perspektiven Sozialer Arbeit in Theorie und Praxis, Bd. 3, 2013, 90 S.,
ISBN 978-3-86226-226-7, **€ 18,80**

Verena Schilly
Mütter in Führungspositionen
Die Vereinbarkeit von Familie und Beruf
Soziale Analysen und Interventionen, Bd. 2, 2013, 140 S.,
ISBN 978-3-86226-220-5, **€ 19,80**

Jürgen Gedinat
Ein Modell von Welt
Unterwegs in der Globalisierung
2013, ca. 200 S.,
ISBN 978-3-86226-215-1, **€ 19,80**

Werner Haisch, Hermann Kolbe
Individuelle Dienstleistung und betriebliche Organisation
Das System des POB&A/GBM in Pflege und Sozialen Diensten
Reihe Pädagogik, Bd. 47, 2013, 250 S.,
ISBN 978-3-86226-223-6, **€ 25,80**

Garnet Katharina Hoppe
Selbstkonzept und Empowerment bei Menschen mit geistiger Behinderung
Gender & Diversity, Bd. 6, 2012, 120 S.,
ISBN 978-3-86226-163-5, **€ 18,80**

David Wenzel, Irmtraud Beerlage, Silke Springer
Motivation und Haltekraft im Ehrenamt
Die Bedeutung von Organisationsmerkmalen für Engagement, Wohlbefinden und Verbleib in Freiwilliger Feuerwehr und THW
Soziologische Studien, Bd. 39, 2012, 190 S.,
ISBN 978-3-86226-123-9, **€ 22,80**

„[...]gut unterfütterte[n] und nachvollziehbar hergeleitete[n] Handlungsempfehlungen[...]"
Harmut Bargfrede. Rezension vom 17.09.2012, in: www.socialnet.de Rezensionen, ISSN 2190-9245.

Esther Ruiz Ben (Hrsg.)
Internationale Arbeitsräume
Unsicherheiten und Herausforderungen
Soziologische Studien, Bd. 36, 2010, 276 S.,
ISBN 978-3-86226-018-8, **€ 25,00**

Informationen und weitere Titel unter **www.centaurus-verlag.de**

MIX
Papier aus verantwortungsvollen Quellen
Paper from responsible sources
FSC® C105338

If you have any concerns about our products,
you can contact us on
ProductSafety@springernature.com

In case Publisher is established outside the EU,
the EU authorized representative is:
**Springer Nature Customer Service Center GmbH
Europaplatz 3, 69115 Heidelberg, Germany**

Printed by Libri Plureos GmbH
in Hamburg, Germany